U0630029

新能源汽车大数据蓝皮书

BLUE BOOK OF
NEW BIG DATA

中国新能源汽车大数据研究报告
（2019）

ANNUAL REPORT ON THE BIG DATA OF NEW ENERGY VEHICLE
IN CHINA (2019)

新能源汽车国家大数据联盟
中国汽车技术研究中心有限公司　／研　创
重庆长安新能源汽车科技有限公司

社会科学文献出版社
SOCIAL SCIENCES ACADEMIC PRESS（CHINA）

图书在版编目(CIP)数据

中国新能源汽车大数据研究报告. 2019 / 新能源汽车国家大数据联盟, 中国汽车技术研究中心有限公司, 重庆长安新能源汽车科技有限公司研创. -- 北京：社会科学文献出版社, 2019.10
　　（新能源汽车大数据蓝皮书）
　　ISBN 978-7-5201-5420-8

　　Ⅰ.①中…　Ⅱ.①新…②中…③重…　Ⅲ.①新能源-汽车工业-研究报告-中国-2019　Ⅳ.①F426.471

　　中国版本图书馆CIP数据核字（2019）第184125号

新能源汽车大数据蓝皮书
中国新能源汽车大数据研究报告（2019）

研　　创 / 新能源汽车国家大数据联盟
　　　　　中国汽车技术研究中心有限公司
　　　　　重庆长安新能源汽车科技有限公司
主　　编 / 王震坡　王　成
副主编 / 李　阳　朱　成　刘　鹏　樊春艳　龙超华　李宗华

出 版 人 / 谢寿光
责任编辑 / 吕霞云　岳梦夏　赵慧英

出　　版 / 社会科学文献出版社·社会政法分社（010）59367156
　　　　　地址：北京市北三环中路甲29号院华龙大厦　邮编：100029
　　　　　网址：www.ssap.com.cn
发　　行 / 市场营销中心（010）59367081　59367083
印　　装 / 三河市东方印刷有限公司

规　　格 / 开　本：787mm×1092mm 1/16
　　　　　印　张：19　字　数：285千字
版　　次 / 2019年10月第1版　2019年10月第1次印刷
书　　号 / ISBN 978-7-5201-5420-8
定　　价 / 168.00元

本书如有印装质量问题，请与读者服务中心（010-59367028）联系

中国新能源汽车大数据研究报告（2019）
编 委 会

主编单位简介

　　新能源汽车国家大数据联盟是由新能源汽车国家监测与管理中心、新能源汽车制造商、零部件供应商、互联网应用服务商、科研机构、相关社团组织自愿组成的全国性、联合性、非营利性社会组织。联盟接受业务主管单位工业和信息化部的业务指导和监督管理。联盟秘书处所在地为新能源汽车国家监测与管理中心（北京理工大学电动车辆国家工程实验室）。联盟主要发起单位为北京理工大学、一汽、长安、上汽、宇通、中车电动、北汽以及中国汽车工业协会、中国汽车工程学会、中国汽车技术研究中心有限公司、中国汽车工程研究院股份有限公司、交通部科学研究院、长安大学等。目前联盟会员单位超过200家，其中副理事长单位32家，理事单位40家。

　　中国汽车技术研究中心有限公司（简称中汽中心）是1985年根据国家对汽车行业管理的需要，经国家批准成立的科研院所，现隶属于国务院国有资产监督管理委员会，是在国内外汽车行业具有广泛影响力的综合性技术服务机构。多年来，中汽中心建立了以首席专家、学科后备带头人、青年科技骨干为基础的人才梯队，形成一支高学历、高技能、懂经营、善管理的人才方阵，并始终坚持"独立、公正、第三方"的行业定位，坚定不移地走"科技引领、行业导向、创新驱动、绿色发展"的发展道路。中汽中心北京工作部成立于1998年，是中汽中心以北京为窗口，面向国际和国内开展国际合作、技术咨询与培训、工程研发、先进装备代理销售等业务的全资二级院所，2017年2月，根据未来中长期发展需要，完成全新供给侧结构改革，业务正式从项目研究型向企业技术服务型升级。

长安汽车发源于上海洋炮局（1862年），是中国近代工业先驱。目前，长安汽车已拥有超过1700万的中国品牌汽车用户。2017年，长安汽车发起"第三次创业——创新创业计划"，并发布新能源"香格里拉计划"和"北斗天枢"智能化两大战略，实现从传统汽车制造企业向智能出行科技公司转型。以打造世界一流汽车企业为目标，以创新为驱动，将效率打造成为组织核心竞争力，着力推动四大转型，明确了"1143"战略架构。长安汽车自2001年进入新能源领域，是中国最早进入新能源汽车领域的企业之一，具备丰富的技术研发经验积累；先后经历技术研究、产业化推广和市场化运行三个阶段，完成了从样车到产品的正向开发历程；构建了从开发流程、核心技术、核心产品，到生产制造、供应链等成体系的市场竞争能力。

2018年5月，成立重庆长安新能源汽车科技有限公司，现有员工1089人，其中工程技术研发人员840人，博士学历及以上高级人才30余人。长安新能源以"第三次创新创业"为指引，聚焦落地"香格里拉计划"，构建价值伙伴关系的整车、零部件、创新服务一体化产业平台，为客户提供极致体验的智慧新能源汽车及服务，做最有价值的新能源汽车出行方案解决者，打造世界一流新能源汽车科创企业。

到2020年，长安新能源致力于成为"高质量新能源汽车提供者"，成为全国一流、国际知名的新能源科创企业，进入行业第一阵营，达成年销量目标15万辆；2020年后，将打造"智慧新能源汽车领导者"品牌形象。进入2025年，成为国内领先、国际一流的新能源科创企业，年销量目标36万辆。

主要编纂者简介

孙逢春 中国工程院院士，北京理工大学教授，博士生导师。1995 年获政府特殊津贴，1999 年被聘为教育部首批"长江学者奖励计划"特聘教授并入选"新世纪百千万人才工程"国家级人选，2000 年获"全国先进工作者"奖章，2006 年获"中国汽车工业优秀科技人才奖"，2007 年获"何梁何利科学与技术创新奖"，2008 年获"科技奥运先进个人"称号，2012 年获"北京创造十大科技人物"称号。2017 年当选中国工程院院士。孙逢春教授是新能源汽车领域的著名资深专家，在电动车辆总体理论与现代设计方法、电动车辆整车结构、系统集成与动力系统理论研究、关键技术开发和工程应用等相关领域具有深厚的学术造诣、公认的学术成就和丰富的研究成果。共出版著作 8 本，发表学术论文 200 余篇，总引 6000 余次，其中 11 篇入选 ESI 高被引论文，3 篇入选"中国百篇最具影响国际学术论文"，获国家技术发明授权 65 项。以第一完成人获国家技术发明奖二等奖 2 项、国家科技进步奖二等奖 1 项、国家级教学成果二等奖 1 项以及省部级奖励多项。

吴志新 现任中国汽车技术研究中心有限公司党委委员、副总经理，研究员级高级工程师，全国汽车标准化技术委员会电动汽车分技术委员会主任委员，国家科技部"863"计划"节能与新能源汽车"重大项目总体组专家。作为专家组成员参与了国家科技部"十五""863"电动汽车重大专项的战略规划工作，并参加"863"攻关项目的节点检查和项目验收评审。作为项目负责人主持完成国家清洁汽车行动攻关项目 5 项、天津市科委清洁汽车重大科技攻关项目 3 项，获得中国汽车工业科技进步二等奖 1 项，天津市科技进步二等奖 2 项，三等奖 2 项。作为全国汽车标准化技术委员会电动汽车分技术委员会的秘书长，参与组织了我国电动汽车（包括纯电动汽车、混合动力电动汽车、燃料电池汽车）国家标准体系的研究制定工作，为我国电动汽车的研发和产业化做出了贡献。

王震坡 北京理工大学教授，电动车辆国家工程实验室主任。他长期致力于纯电动车辆整车集成及控制、动力电池成组应用技术研究，关键技术开发和工程应用工作。主持了科技部"863"计划节能与新能源汽车重大项目课题、北京市科技计划项目课题、北京奥运电动客车重大项目课题、国家自然基金课题共 8 项。在国际上首次建立了纯电动汽车能耗评价体系，发明并开发了动力电池模块化封装系统。获国家科技进步奖二等奖、教育部科学技术进步奖一等奖、北京市科技进步二等奖等奖励各 1 项。

苏　岭 西安交通大学工学博士，重庆市首批"两江学者"计划特聘专家，现任重庆长安汽车股份有限公司智能化研究院副总经理、智能化产业发展项目总监。

李　阳 高级工程师，长期从事新能源汽车行业政策研究、科技项目管理、前沿技术跟踪、数据平台建设、关键数据分析等相关工作，近年来作为主要负责人之一，进行了新能源汽车国家监测与管理平台建设，实现了百万辆级整车数据平台接入能力，积累了大数据分析挖掘以及平台建设的丰富经验。同时兼任新能源汽车国家大数据联盟执行秘书长，联合行业内整车企业、零部件供应商、互联网应用服务商、科研机构等，统筹整合、开发利用新能源汽车大数据资源，为政府、企业、公众提供高品质数据服务。

序 言

在习近平新时代中国特色社会主义思想的引领下，我国经济进入高质量发展新时期，降本增效成为经济发展的重要标志。以互联网、大数据、人工智能为代表的新一代信息技术蓬勃发展，对各国经济发展、社会进步、人民生活带来重大而深远的影响。2018 年，新能源汽车国家大数据联盟携手中国汽车技术研究中心有限公司和重庆长安新能源汽车科技有限公司联合编著《中国新能源汽车大数据研究报告（2018）》，基于新能源汽车监管平台"百万级"车辆实时运行数据编撰而成，让更多的业界人士了解新能源汽车行业的相关运行情况和规律。

为衔接上年度研究成果，继续坚持数据引擎，助推中国汽车制造业实现由"量"到"质"转型升级，发挥联盟在构筑新能源汽车大数据共享纽带和桥梁方面的领头羊作用，2019 年，联盟继续联合中国汽车技术研究中心有限公司和重庆长安新能源汽车科技有限公司以及众多联盟成员单位，共同打造联盟独家数据研究型蓝皮书《中国新能源汽车大数据研究报告（2019）》。

《中国新能源汽车大数据研究报告（2019）》从大数据的视角出发，对我国新能源汽车包括乘用车、客车和专用车的产品结构、整车运行特征、车辆运行故障、充电行为特征进行了全面系统的分析，同时选取国内重点城市对国内新能源汽车的推广应用情况进行了整合梳理。针对新能源汽车发展过程中存在的诸如充电桩利用率低下、车辆运行故障等问题提出了针对性的建议。相信本书的出版对于相关研究机构、产业链上下游企业、普通消费者等受众深入了解国内新能源汽车推广及运行现状具有重要的参考价值。同时，本书的出版意在为政府部门出台新能源汽车产业相关政策法规，为企业制定相关战略规划提供必要的借鉴和服务，努力发挥联盟在构筑新能源汽车大数据共享纽带和桥梁方面的重要作用，使大数据真正做到服务于行业，促进产业发展。

在本书编撰过程中，新能源汽车国家大数据联盟、北京理工大学电动车辆国家工程实验室、中国汽车技术研究中心有限公司、中国汽车工程学会、中国汽车工程研究院股份有限公司、重庆长安新能源汽车科技有限公司等有关单位和机构的管理者、专家和相关学者给予了很大支持和帮助，付出了辛勤努力；社会科学文献出版社为本书出版做了大量工作，在此一并表示感谢。希望这一汇聚了业内外人士心血和智慧的成果能够对我国新能源汽车大数据行业发展起到积极的推动作用。

孙逢春

（中国工程院院士、新能源汽车国家大数据联盟执行理事长）

2019 年 9 月

摘　要

　　随着移动互联网、5G、大数据、云计算、人工智能、区块链、边缘化数据算法、综合能源服务、泛在电力互联网等新技术、新业态在新能源汽车领域的交叉与融合发展，数据信息流资源在加速新能源汽车产业电动化、网联化、智能化、共享化的"新四化"发展大潮流中的作用愈加凸显。

　　在新能源汽车国家大数据联盟（以下简称"联盟"）2018年会上，联盟理事长张相木介绍年会主题"数据·创造·价值"时强调，以数据为指引，以创造为核心，以价值为导向，充分发挥大数据在新能源汽车行业发展方面的引导性作用。基于此，联盟发布了全球首本以百万级新能源汽车实时监管与运行数据为依据撰写而成的研究性年度报告——《中国新能源汽车大数据研究报告（2018）》[以下简称"研究报告（2018）"]。为衔接上年度研究成果，继续坚持数据引擎，助推中国汽车制造业实现由"量"到"质"的转型升级，发挥联盟在构筑新能源汽车大数据共享纽带和桥梁方面的领头羊作用，2019年，联盟继续联合中国汽车技术研究中心有限公司和重庆长安新能源汽车科技有限公司以及众多联盟成员单位，共同打造联盟独家数据研究型蓝皮书《中国新能源汽车大数据研究报告（2019）》[以下简称"研究报告（2019）"]。

　　与2018年相比，2019年我国新能源汽车的行业形势发生了巨大的变化。中美贸易战重燃、退坡补贴加速、国外传统车企持续渗透、行业间竞争加剧、充电难矛盾愈加突出、安全问题等成为制约行业发展的瓶颈。同时，新能源汽车行业另一突出变化是其应用场景更加多元化，涉及范畴扩展至私家车、出租车、租赁车、公交客车、通勤车、物流车、环卫车等众多领域。为此，研究报告（2019）在2018年的基础上对乘用车、客车、专用车的应用场景大框架进行了进一步的细分化处理，并独立成篇进行分析，单篇内容分析涵盖整体运行情况、经济性如百公里能耗、车辆使用习惯、充电规律、车辆故障安全、节能减排分析等，内容更加丰富，特征的规律针对性更加显著。

"发展迅猛、超出预期"，是我国新能源汽车市场的显著特征之一，另外我国新能源汽车发展也呈现电池能量密度持续提升、产业链投资规模持续扩大等特征。在政策及市场双驱动的引领下，2018年，我国新能源汽车完成销售125.6万辆，同比增长61.7%；其中纯电动汽车销量为98.4万辆，同比增长50.8%。我国电动车市场渗透率（销量占汽车总销量比例）由2015年首次突破1%到2018年已超过4%，其中2018年第四季度达到6%。与此同时，我国新能源汽车技术水平持续攀登至高台阶，超八成纯电动车续驶里程超300公里。截至2018年底，我国量产动力电池单体能量密度超过240Wh/kg，成本控制在1元/Wh以下，提前达到2020年目标，较2012年，能量密度提高了2.2倍，成本下降了75%。此外，电池管理系统、驱动电机和整车电控系统也取得了长足的进展。新能源汽车产业链投资规模日益扩大，目前，全产业链投资累计超2万亿元，2025年将迎来高速成长期。

受政策、市场、技术水平提升、成本降低、投资规模扩大等影响，2019年上半年我国新能源汽车产销量持续上扬，1~4月新能源汽车产销分别完成36.8万辆和36.0万辆，比上年同期分别增长58.5%和59.8%。其中，纯电动汽车产销分别完成28.6万辆和27.8万辆，比上年同期分别增长66.1%和65.2%；插电式混合动力汽车产销分别完成8.1万辆和8.2万辆，比上年同期分别增长36.3%和43.7%；燃料电池汽车产销分别完成237辆和230辆，比上年同期分别增长154.8%和289.8%。由此可见，纯电动汽车仍是目前新能源汽车行业发展的主力。

能源供应特征深度影响着交通运输业的动能供给方式，2018年，我国石油对外依存度接近70%，天然气对外依存度也接近40%，如此高企的能源对外依存度对我国能源安全提出了新的挑战，为此大力发展以水电、光伏、风电为代表的清洁能源电力替代成为国家保障能源安全的重大战略，这也是各大车企纷纷发力以电动汽车为代表的新能源汽车市场的核心原因之一。

智慧化的城市需要智慧化的交通体系，新能源汽车与大数据的深度跨界融合作为实现智能交通的重要手段，其在构筑智慧交通体系框架中发挥着至关重要的作用。有鉴于此，工信部从顶层设计的角度出发，委托北京理工大学电动车辆国家工程实验室建立了新能源汽车国家监测与管理平台以实现对新能源汽车的动态监测，自 2017 年 1 月 1 日正式启用起，目前其新能源汽车接入量已接近 260 万辆，联盟正是依托该平台百万级的车辆实时运行数据撰写了研究报告（2019）。可以说，该系列研究报告是研究新能源汽车智慧交通从而服务于智慧化城市建设的必备参考书籍之一。

研究报告（2019）定位于新能源汽车实时监测运行数据的分析，以大数据的视角为出发点，对各细分应用场景，如私家车、出租车、租赁车、公交客车、通勤车、物流车、环卫车等车型的推广情况、动力电池情况、充电情况、经济情况、车辆使用习惯、车辆故障安全、节能减排等进行了细致的划分，并对新能源汽车发展过程中存在的经济性、车辆故障等提出了合理化的建议。总览整篇报告，无论是研究的深度还是涉及领域的广度，抑或考虑问题的维度，均能方便不同领域的读者全面、系统地了解我国新能源汽车各个使用场景的发展态势，同时，该系列报告为汽车行业管理部门、研究机构、整车及零部件企业、普通终端消费者对新能源汽车行业的全面把控和了解提供了强有力的数据支撑。

关键词： 新能源汽车　大数据　充电规律　动力电池　行驶里程

目　录

Ⅰ　总报告

B.1 2019 年新能源汽车运行大数据研究报告 ·························· 001

Ⅱ　车辆篇

B.2 2019 年新能源私家乘用车运行大数据研究报告 ·············· 046

B.3 2019 年新能源出租车运行大数据研究报告 ·················· 067

B.4 2019 年新能源租赁乘用车运行大数据研究报告 ·············· 088

B.5 2019 年新能源公交客车运行大数据研究报告 ················ 109

B.6 2019 年新能源公路客车运行大数据研究报告 ················ 142

B.7 2019 年新能源通勤车运行大数据研究报告 ·················· 174

B.8 2019 年新能源物流车运行大数据研究报告 ·················· 209

B.9 2019 年新能源环卫车运行大数据研究报告 ·················· 233

Ⅲ　专题篇

B.10 2019 年燃料电池汽车运行大数据研究报告 ················· 250

Ⅳ 案例篇

B.11 长安新能源大数据研发与应用 ···························· 261

Ⅴ 附 录

B.12 数据及指标说明 ···························· 270

Abstract ···························· 271
Contents ···························· 276

皮书数据库阅读 **使用指南**

总 报 告

General Report

B.1
2019年新能源汽车运行大数据研究报告

王 成 李 阳 刘 鹏[*]

摘 要： 本文基于新能源汽车国家监测与管理平台2018年新能源汽车实时运行数据，梳理了我国新能源汽车的产品形态、区域分布等特征，进行了故障信息及事故案例的分析，并以北京市各类新能源汽车的充电行为为例，分析了各用途新能源汽车的充电特点，基于运行数据分析提出了下一步支持新能源汽车产业健康可持续发展的建议。

关键词： 新能源汽车 数据 充电 故障 里程

一 我国新能源汽车推广应用总体情况

华东地区是我国新能源汽车应用最集中的区域。在我国七大区域中，无论

* 王成，研究生，高级工程师，中汽中心北京卡达克科技中心有限公司总经理；李阳，博士，高级工程师，新能源汽车国家大数据联盟执行秘书长；刘鹏，副教授，北京理工大学机械与车辆学院。

是乘用车、客车，还是专用车，华东地区均排名首位。华东地区地处我国长三角经济带，包括上海、浙江、江苏等 7 个省份，经济发达，人口密集，新能源汽车产业发展迅猛，其推广应用数量远超其他地区。其他排名靠前的区域有华南、华北、华中等（见图 1）。具体乘用车、客车、专用车区域分布如图 2 所示。

新能源乘用车占比近八成，为我国新能源汽车推广主力。截至 2018 年底，接入平台的新能源汽车共计 135.88 万辆，其中乘用车接入量最多，达到 103.61 万辆，占总接入量的 76%。客车和专用车次之，分别为 15.60 万辆和 16.67 万辆，占比均为 12% 左右。基于"三纵三横"研发规划布局，结合我国现阶段的技术路线选择及产业侧重发展方向，我国在发展新能源汽车过程中以纯电动汽车为主、插电式混合动力汽车为辅，燃料电池汽车为未来重点

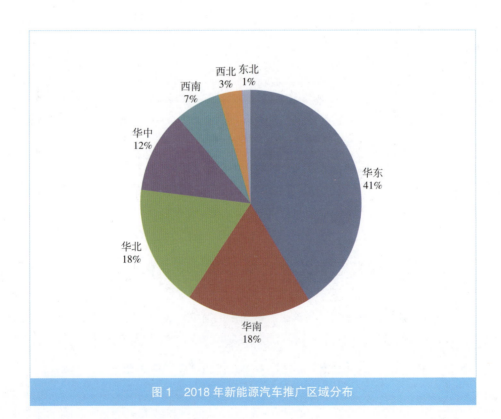

图 1　2018 年新能源汽车推广区域分布

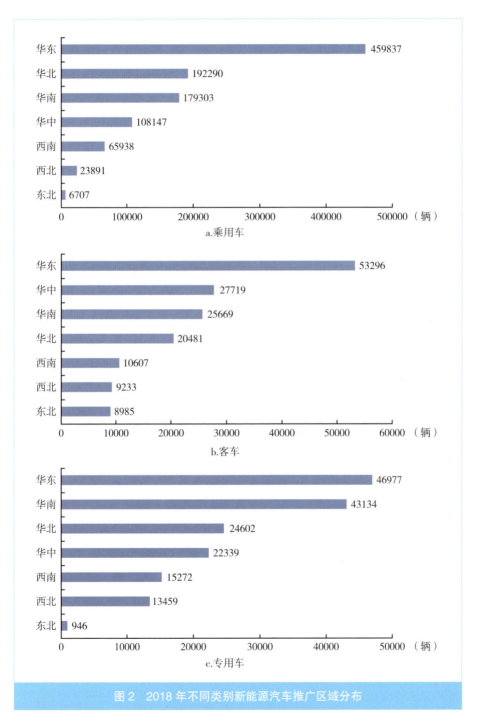

图 2　2018 年不同类别新能源汽车推广区域分布

研发对象。目前，插电式混合动力汽车主要用于乘用车和客车领域，2018 年接入量分别为 20.69 万辆和 1.71 万辆。由于燃料电池技术尚未成熟，燃料电池汽车仅在客车与专用车领域进行试点，其接入量分别为 0.02 万辆和 0.06 万辆（见表 1）。

表 1　2018 年新能源汽车接入量统计

单位：辆

	乘用车	客车	专用车	合计
纯电动汽车	829237	138641	166109	1133987
插电式混合动力汽车	206880	17130	0	224010
燃料电池电动汽车	0	219	620	839
合计	1036117	155990	166729	1358836

乘用车以小型为主，客车以大型为主，专用车轻型占比最高。在市场和政策的双重驱动和影响下，我国新能源汽车各类车型都有各自最合理的应用场景和应用领域，这也相应带来了产品结构的相对聚焦。其中乘用车占比最大为 A 级及以下车型，占比达到 71%；客车主要是 10 米及以上车型，占比达到 54%；专用车则是以纯电动轻型车为主，占比达到 95%，具体见图 3 至图 5。

私家车、公交及物流领域应用最多。在各类应用领域中，私家车、公交和物流领域分别为乘用车、客车和专用车最主要的应用领域，另外，新能源租赁乘用车和通勤客车是近年比较热门的应用领域，其中新能源租赁乘用车 2018 年的接入量同类占比 22%，超过出租领域，新能源通勤客车 2018 年接入量同类占比 8%，接近公路客车的同类占比。

私家车领域的大规模应用，快速推动新能源汽车市场化进程。2018 年新能源私家车接入量为 64.2 万辆，占比 62%，成为最主力应用领域。虽然典型城市对新能源汽车不限行不限购等政策是当前私家车推广的主要驱动力，但不可否认的是推广量的快速增长带动了产业链的成熟，带来了成本的下降，提升了产品的品质，为取消补贴后的生存和发展提供了条件，可

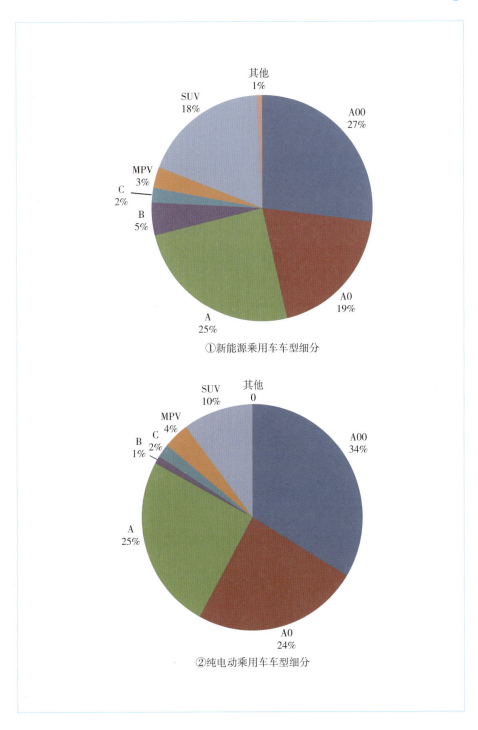

①新能源乘用车车型细分

②纯电动乘用车车型细分

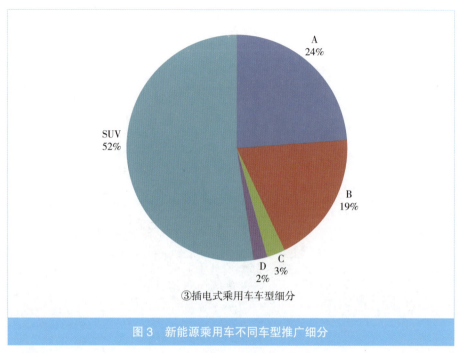

③插电式乘用车车型细分

图3　新能源乘用车不同车型推广细分

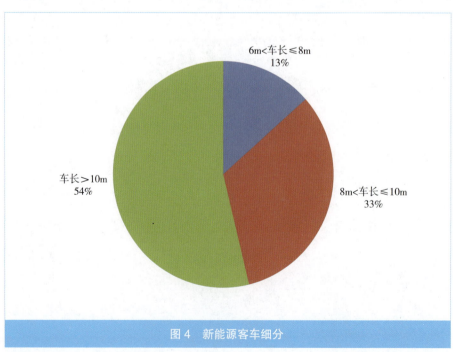

图4　新能源客车细分

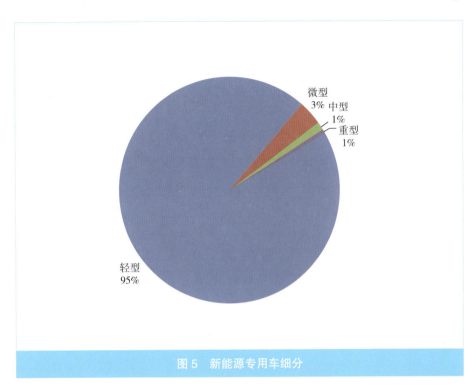

图 5　新能源专用车细分

以说正是私家车的大规模应用，使得新能源乘用车的完全市场化进程得到了提速。

新能源公交车进入平稳增长期。公交领域是我国新能源汽车最开始主攻的战场，随着一、二线城市首轮公交电动化进程的结束，新能源公交车的发展进入平稳增长期，2018 年接入量 12.5 万辆，同类占比为 80%。

纯电动物流车继续放量，燃料电池物流车启动小规模示范运营。随着互联网经济的迅速发展，迅速增长的物流需求带动了新能源物流车的推广，目前新能源物流车型主要为纯电动轻型运输车，2018 年新能源物流车共接入 16.4 万辆，绝对数量超过新能源公交车，同类占比达到 98%，主要运营方是京东、顺丰等电商和物流巨头。同时，2018 年燃料电池物流车也开始以小规模商业化示范的模式走向市场，以新兴物流运营商为主进行购买和运营。各细分车型占比如图 6 所示。

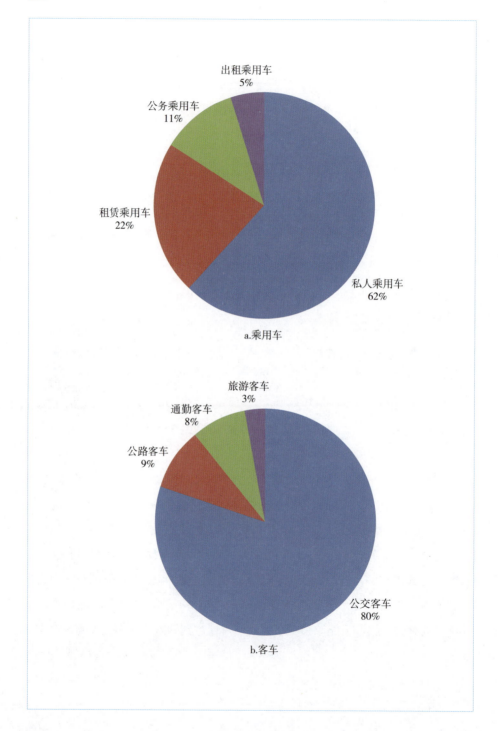

a.乘用车

b.客车

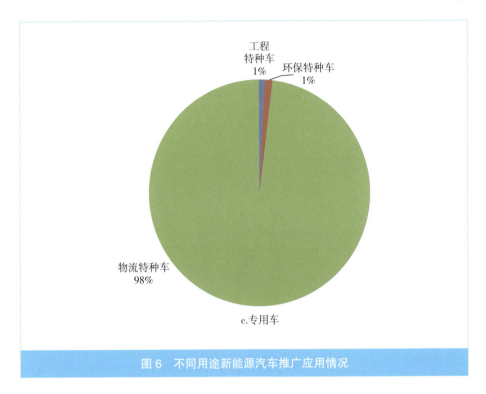

工程
特种车
1%　环保特种车
　　　　1%

物流特种车
98%

c.专用车

图 6　不同用途新能源汽车推广应用情况

二　各用途新能源汽车运行数据分析

（一）2018年平台接入情况

1.新能源乘用车

从 2018 年新能源乘用车接入排名来看（见图 7），TOP10 城市合计接入量为 56.39 万辆，占全国总接入量的 54%。排名前三的城市依次为北京市、上海市和深圳市，接入量分别为 9.35 万辆、8.83 万辆和 8.23 万辆，上述 TOP3 城市均以私人乘用车为主，分别占各自城市新能源乘用车总接入量的 89%、77% 和 69%；广州市、天津市、杭州市和合肥市的接入量分别为 5.29 万辆、5.26 万辆、5.05 万辆和 5.01 万辆，其中广州市和杭州市以私人乘用车和租赁乘用车为主，而天津市和合肥市以私人乘用车为主；青岛市租赁乘用车接入平台 2.37 万辆，占比最高，占该市新能源乘用车总接入量的 68%；南昌市和郑州市接入平台的私人乘用车数量分别为 2.90 万辆和 2.10 万辆，为最主要用途，分别占该市新能源乘用车总接入量的 94% 和 74%（见图 7）。

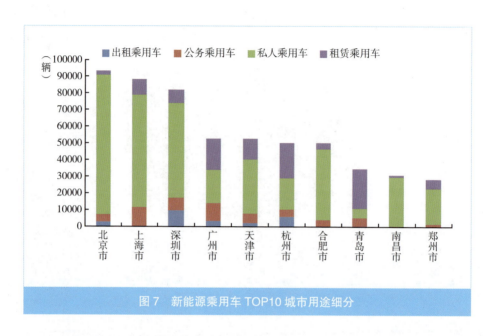

图 7　新能源乘用车 TOP10 城市用途细分

新能源私家车北京居首，柳州进前十。 私家车是最为市场化的领域，但目前政策驱动仍然是主要推手，最为严厉的双限（传统燃油车限行限购）政策使得北京市连年高居新能源乘用车接入量第一位，而柳州市依靠结合使用场景推出经济型小车、大力投建充电设施、划定充电泊位等措施，在众多一线及省会城市中挤进 2018 年接入量前十，至 2018 年底，共接入新能源私家车 1.57 万辆，建有充电桩超过 1 万个。

新能源出租车深圳保有量最多。 从全国新能源出租车接入量排名来看，TOP10 城市合计接入量为 3.86 万辆，占总接入量的 70%。其中接入量最多的城市为深圳市，共计接入 0.97 万辆，占深圳市出租车保有量近五成，得益于产业基础和政府支持力度，深圳市是最早大力推广新能源出租车的城市，也是目前运营数量最多的城市。不同用途新能源乘用车推广接入量 TOP10 城市如图 8 所示。

新能源租赁乘用车青岛排名居首。从全国租赁乘用车接入排名来看，排名 TOP10 城市合计接入量为 12.92 万辆，占总接入量的 59%。其中接入量最多的城市为青岛市，2018 年共接入 2.37 万辆，占全国新能源租赁乘用车总接入量的 11%，其次是杭州、广州、天津和长沙。青岛市新能源汽车租赁目前以年租和月租为主、分时租赁为辅。截至 2018 年底，山东省公共充电桩数量在全国排第五位，而青岛占据省内公共充电桩数量的 67%（见图 9），政府投建和民间投建的公共充电设施吸引了租赁公司的进入，多家租赁公司的竞争带来亲民的价格，使用人数的增长为租赁公司带来了盈利空间，形成了租赁市场良性循环。

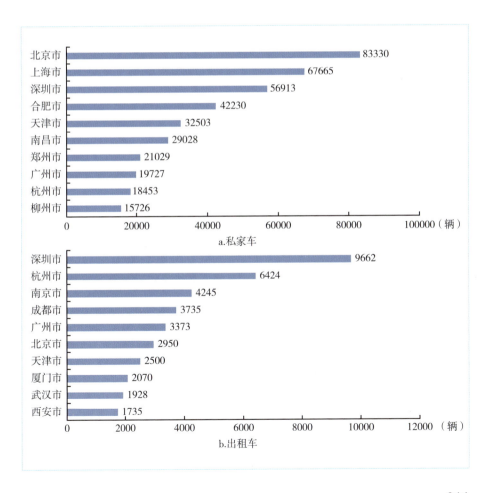

c.租赁乘用车

图 8　不同用途新能源乘用车推广接入量 TOP10 城市

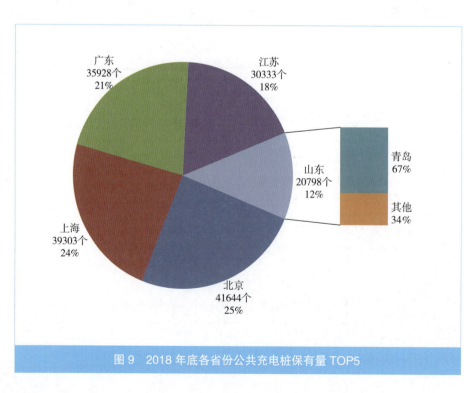

图 9　2018 年底各省份公共充电桩保有量 TOP5

2.新能源客车

从 2018 年新能源客车接入量排名来看，TOP10 城市合计接入量为 4.39 万辆，排名前三的城市依次为广州市、上海市和北京市，分别接入 0.82 万辆、0.67 万辆和 0.54 万辆，共计占全国总接入量的 13%，TOP3 城市客车均以公交客车为主，分别接入 0.74 万辆、0.36 万辆和 0.40 万辆；长沙市、深圳市和武汉市的接入量排名依次为 4~6 名，其中长沙市以公交客车为主，共计接入 0.46 万辆，占其城市总接入客车的 91%，而深圳市和武汉市的通勤客车也占有一定比例，公交客车与通勤客车占比分别为 98% 和 96%；西安市、呼和浩特市、福州市和成都市以公交客车为主，占比分别为 93%、99%、99% 和 72%（见图 10 ）。

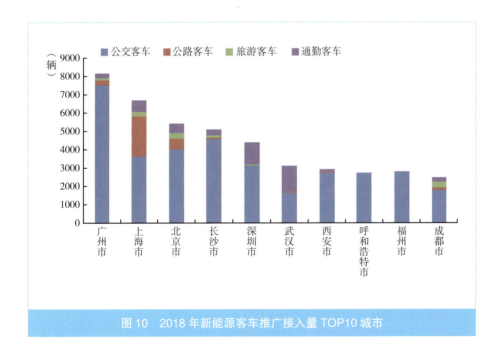

图 10　2018 年新能源客车推广接入量 TOP10 城市

广州市 2018 年新能源公交车接入量最多。从全国公交客车接入量排名来看，排名 TOP10 城市合计接入量为 3.52 万辆，占总接入量的 28%。其中接入量最多的城市为广州市，共计接入 0.75 万辆，占全国总接入量的 6%，接下来依次为长沙市、北京市、上海市和深圳市，接入量分别为 0.46 万辆、0.40 万辆、0.36 万辆和 0.31 万辆。上述 TOP5 城市合计接入量占总量的 18%。

上海市新能源公路客车 2018 年接入量最多。从全国公路客车接入排名来看，排名 TOP10 城市合计接入量为 6281 辆，占总接入量的 43%。其中接入量最多的城市为上海市，共计接入 2210 辆，占全国总接入量的 15%，接下依次为郑州市、商丘市、北京市和兰州市，接入量分别为 967 辆、626 辆、588辆和 482 辆。上述 TOP5 城市合计接入量占总量的 34%。

银川市新能源旅游客车 2018 年接入量最多。从全国旅游客车接入排名来看，排名 TOP10 城市合计接入量为 2293 辆，占总接入量的 64%。其中接入量最多的为银川市，共计接入 446 辆，占全国总接入量的 12%，接下来依次为成都市、北京市、上海市和桂林市，接入量分别为 363 辆、332 辆、210 辆和 200 辆。上述 TOP5 城市合计接入量占总量的 43%。

武汉市新能源通勤客车 2018 年接入量最高。从全国通勤客车接入排名来看，TOP10 城市合计接入量为 5989 辆，占总接入量的 47%。其中接入量最多的城市为武汉市，共计接入 1362 辆，占全国总接入量的 11%，接下来依次为深圳市、上海市、北京市和安顺市，接入量分别为 1217 辆、633 辆、502 辆和451 辆。上述 TOP5 城市合计接入量占总量的 32%（见图 11）。

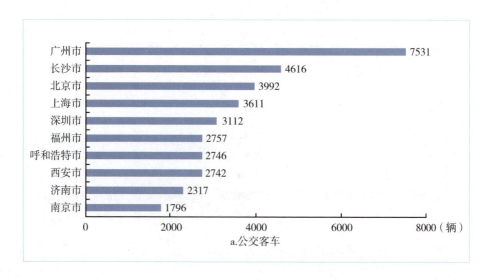

a.公交客车

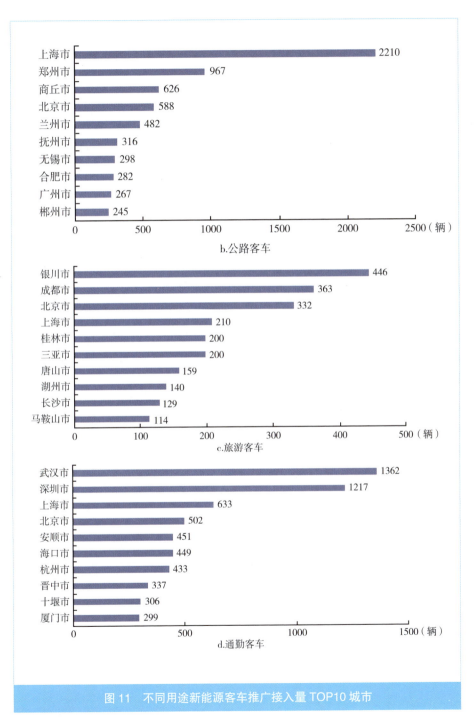

图 11　不同用途新能源客车推广接入量 TOP10 城市

3.新能源专用车

从全国新能源专用车接入排名来看，TOP10 城市合计接入量为 9.95 万辆，占总接入量的 60%（见图 12）。其中接入量最多的城市为深圳市，达到 3.03 万辆，占全国总接入量的 18%，接下来依次为西安市、天津市、成都市和襄阳市，接入量分别为 1.12 万辆、1.06 万辆、0.89 万辆和 0.80 万辆。TOP10 城市的物流特种车接入量均占各自城市接入量的 85% 以上，TOP5 城市合计接入量占总量的 41%。

图 12　新能源专用车 2018 年接入量 TOP10 城市

深圳市 2018 年新能源物流车接入量最多。 从全国物流特种车接入量排名来看（见图 13），TOP10 城市合计接入量共计 9.83 万辆，占总接入量的 60%。其中接入量最多的城市为深圳市，共计接入 3.02 万辆，占全国总接入量的 18%，接下来依次为西安市、天津市、成都市和襄阳市，接入量分别为 1.12 万辆、1.06 万辆、0.88 万辆和 0.79 万辆，上述 TOP5 城市合计接入量占总量的 42%。新能源工程特种车和环卫特种车 2018 年接入量如图 14 所示。

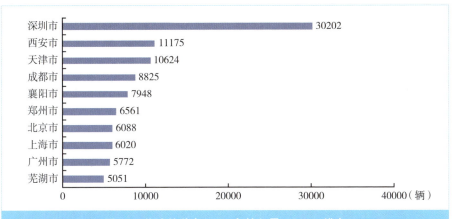

图 13　物流特种车 2018 年接入量 TOP10 排名

a.工程特种车

b.环卫特种车

图 14　新能源工程特种车和环卫特种车 2018 年接入量 TOP10 排名

（二）零部件配套分析

1.电池配套情况

新能源乘用车以三元材料动力电池为主。2018 年接入平台的新能源乘用车搭载三元材料动力电池（含纯电动和插电式）的车辆共 88.66 万辆，占比 84%，其电池配套量共计约为 23.84GWh。搭载磷酸铁锂动力电池的新能源乘用车共接入 16.17 万辆，占比 15%，电池配套量共计约为 5.49GWh。搭载锰酸锂动力电池乘用车接入平台数量最少，仅占比 1%（见图 15）。

纯电动客车电池材料以磷酸铁锂为主。2018 年接入平台的纯电动客车搭载磷酸铁锂动力电池的共 12.75 万辆，占比 92%，电池配套量约为 21.80GWh；搭载钛酸锂动力电池的纯电动客车共有 0.67 万辆，电池配套量约为 0.58GWh；搭载锰酸锂动力电池的纯电动客车有 0.37 万辆，电池配套量约为 0.44GWh（见图 16）。

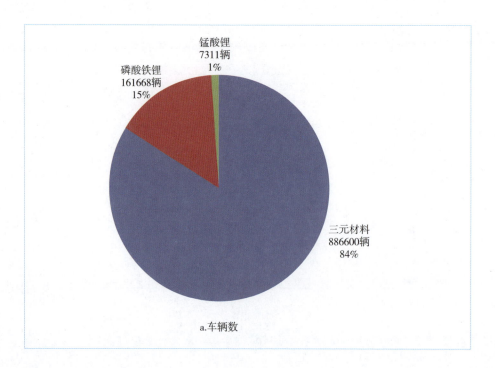

a.车辆数

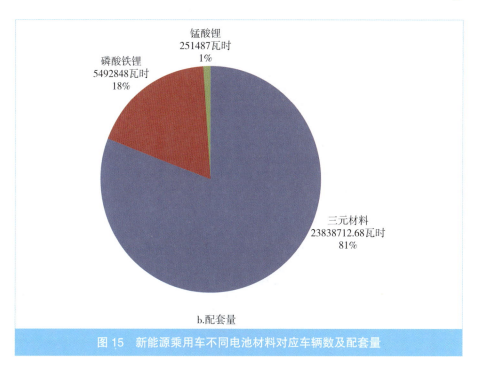

b.配套量

图 15   新能源乘用车不同电池材料对应车辆数及配套量

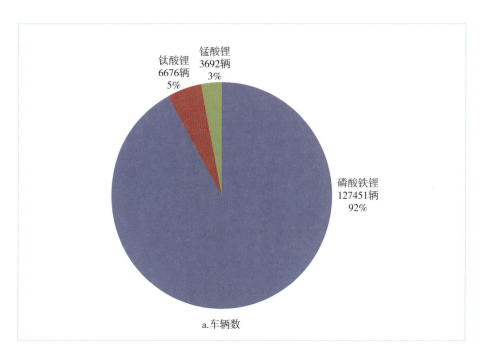

a.车辆数

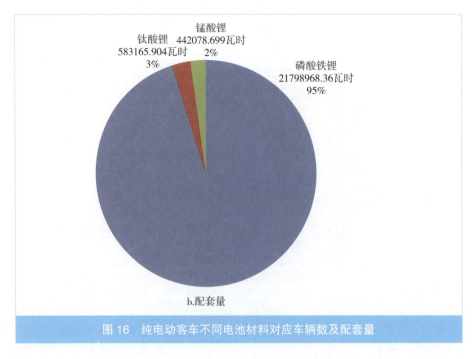

图 16　纯电动客车不同电池材料对应车辆数及配套量

　　纯电动专用车电池材料以三元材料为主。2018 年接入平台的纯电动专用车搭载三元材料的车辆共 12.03 万辆，占比 72%，总配套量约为 6.30GWh；搭载磷酸铁锂动力电池的纯电动专用车共有 3.66 万辆，占比 22%，总配套量约为 2.22GWh；搭载锰酸锂动力电池的纯电动专用车有 0.92 万辆，总配套量约为 0.43GWh（见图 17）。

　　新能源乘用车方形电芯占比最高。2018 年接入平台的新能源乘用车中搭载方形电芯车辆共 62.47 万辆，占比 60%，电池配套量共计约为 19.72GWh；搭载圆柱形电芯的乘用车数量次之，占比 22%，电池配套量共计约为 56.63GWh；搭载软包电芯的乘用车较少，占比 18%，电池配套量共计约为 4.20GWh（见图 18）。

　　新能源客车以方形电芯为主。2018 年接入平台的新能源客车中搭载方形电芯的共 11.11 万辆，占比 71%，电池配套量共计约为 19.20GWh；之后为软包和圆柱形电芯，其占比均为 14%，但二者的电池配套量不同，软包电芯配

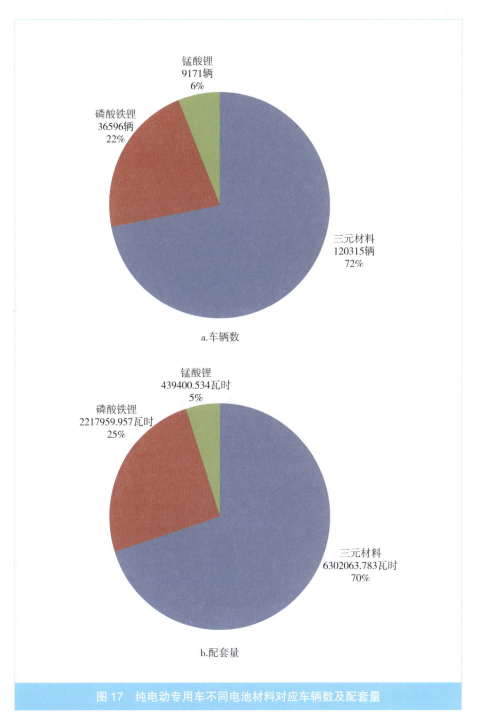

a.车辆数

b.配套量

图 17　纯电动专用车不同电池材料对应车辆数及配套量

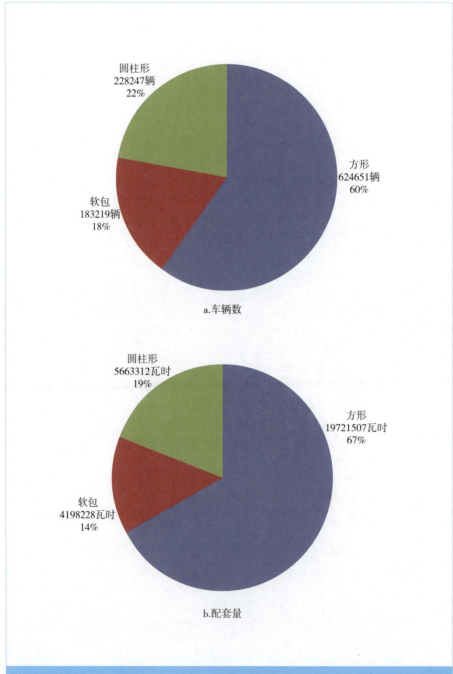

圆柱形
228247辆
22%

方形
624651辆
60%

软包
183219辆
18%

a.车辆数

圆柱形
5663312瓦时
19%

方形
19721507瓦时
67%

软包
4198228瓦时
14%

b.配套量

图18　新能源乘用车不同电芯外形配套车辆数及配套量

套量共计约为 1.67GWh，圆柱形电芯配套量共计约为 2.62GWh。此外，搭载圆柱形 / 方形、圆柱形 / 软包电芯的车辆较少，分别为 0.19 万辆和 0.07 万辆，电池配套量共计分别为 0.09GWh 和 0.08GWh（见图 19）。

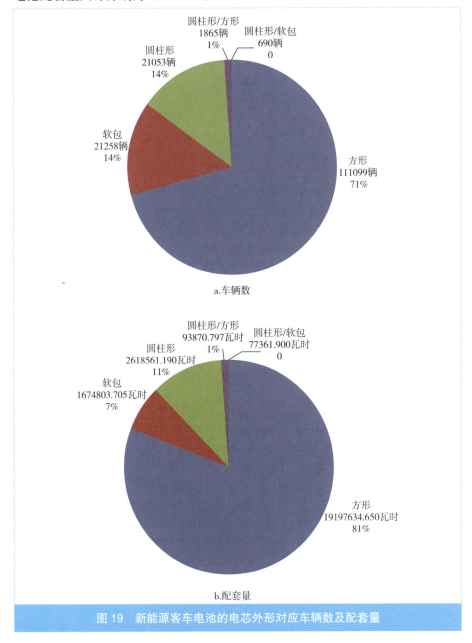

图 19　新能源客车电池的电芯外形对应车辆数及配套量

新能源专用车以圆柱形电芯为主。2018 年接入平台的新能源专用车中搭载圆柱形电芯的车辆共 9.45 万辆，占比 57%，总电池配套量约为 4.77GWh；搭载方形电芯的新能源专用车共 4.38 万辆，占比 26%，总电池配套量共计约为 2.98GWh；搭载软包电芯的车辆相对较少，有 2.84 万辆，总电池配套量共计约为 1.22GWh（见图 20）。

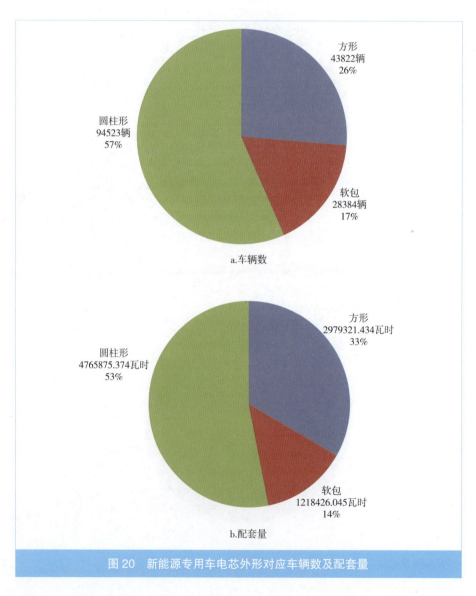

图 20 新能源专用车电芯外形对应车辆数及配套量

2.电机配套情况

新能源汽车电机以永磁同步电机为主。新能源汽车电机可分为永磁同步电机、交流异步电机和其他类型电机（包括励磁同步电机、永磁磁阻同步电机和直流电机等）。由于永磁同步电机具有体积小、比功率及效率高等优点，符合新能源汽车轻量化和节能化的需求，在新能源汽车中占有较高比重。

2018 年接入平台的新能源汽车中搭载永磁同步电机的车辆共计 111.58 万辆，占比 82%。纯电动乘用车以永磁同步电机和交流异步电机为主，占比分别为 74% 和 24%；而在插电式乘用车、纯电动客车和纯电动专用车在驱动电机选型上，永磁同步电机占绝对比重，其绝对数量占比分别为 99.52%、98% 和 86%（见图 21）。

（三）整车动力电池储电量分布

纯电动乘用车电池总储电量在 20~30kWh 范围的车辆占比最多，达 37%。电池总储电量在 40~50kWh 的纯电动乘用车次之，占比 21%；20kWh 以下和

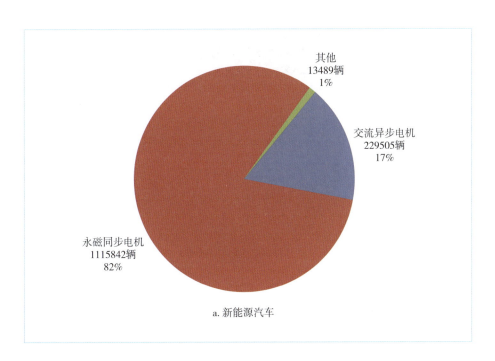

a.新能源汽车

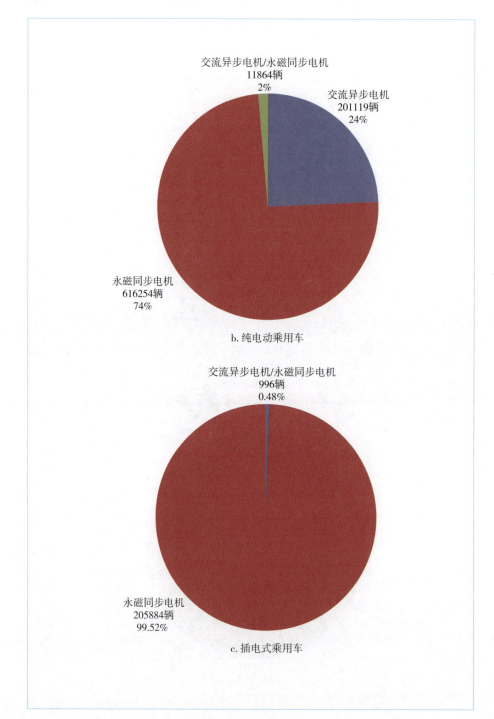

b. 纯电动乘用车

c. 插电式乘用车

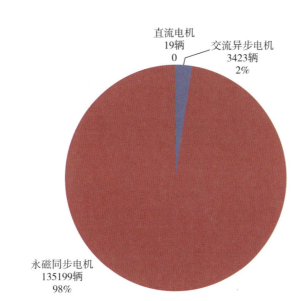

d. 纯电动客车

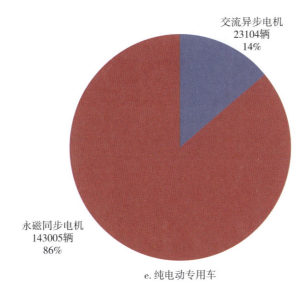

e. 纯电动专用车

图 21　不同类别新能源汽车使用电机分布情况

30~40kWh 的纯电动乘用车分别占比 18% 和 14%；50kWh 及以上的纯电动乘用车占比较少，为 10%（见图 22）。

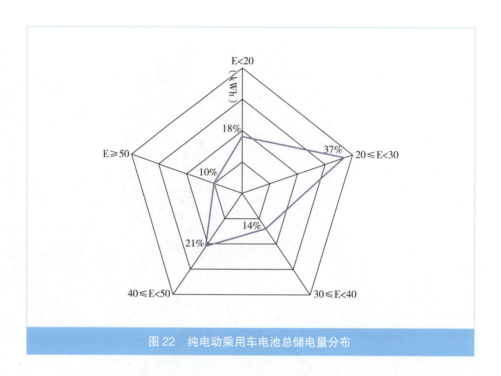

图 22　纯电动乘用车电池总储电量分布

纯电动客车中 73% 的车辆电池总储电量不超过 200kWh。与纯电动乘用车相比，纯电动客车出于质量和载客量等因素的影响需要较多的电池总储电量。其电池总储电量主要集中分布在 200kWh 以下，其中 100~150kWh 的车辆数目最多，占比 28%，小于 100kWh 和 150~200kWh 数量相当，占比分别为 23% 和 22%。200~250kWh 和 250~300kWh 占比分别为 7% 和 11%。出于电池自重和制造成本等因素的考虑，总储电量超过 300kWh 的车辆数量偏少，总占比 9%（见图 23）。

纯电动专用车电池总储电量在 30~50kWh 范围内的车辆占比最高。在接入平台的纯电动专用车中，绝大多数是作为城市物流车使用，其电池总储电量范围较为集中。其中，纯电动专用车中电池总储电量在 40~50kWh 的车辆

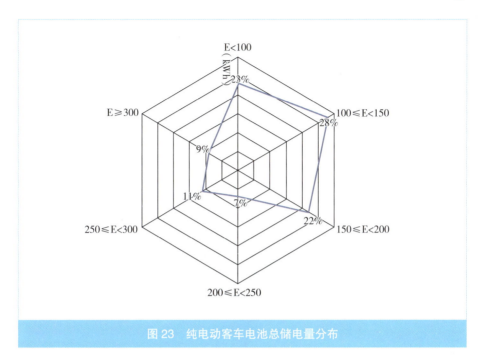

图 23 纯电动客车电池总储电量分布

最多，占比 32%；电池总储电量在 30~40kWh 和 70~80kWh 的纯电动乘用车次之，分别占比 28% 和 17%；其他总储电量范围的纯电动专用车占比均不足 10%（见图 24）。

（四）标称纯电动续驶里程分析

48% 的纯电动乘用车续驶里程小于 200 公里（本统计为 2018 年接入平台的车辆，有部分为 2018 年前生产的车辆），插电式乘用车纯电动续驶里程在 80 公里占比较高。基于 NEDC 工况对新能源乘用车进行纯电动续驶里程测试，其统计结果如图 25 所示。纯电动续驶里程在 200 公里以下的车辆最多，占比 48%；续驶里程在 200~300 公里和 300~400 公里的纯电动乘用车次之，占比分别为 20% 和 23%。出于电池自重和布置空间的考虑，纯电动乘用车续驶里程大于 400 公里的车辆较少，仅占比 9%；插电式乘用车纯电动续驶里程一般不超过 100 公里，多数车辆的纯电动续驶里程集中在 60~80 公里（见图 25）。

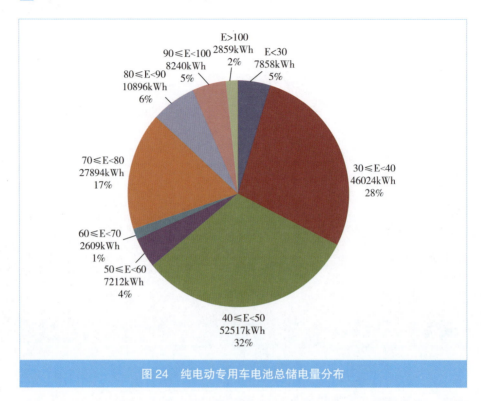

图24 纯电动专用车电池总储电量分布

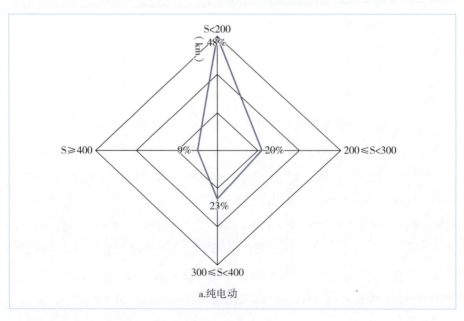

a.纯电动

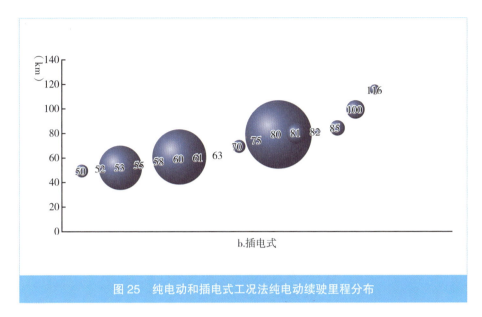

图 25　纯电动和插电式工况法纯电动续驶里程分布

53% 的纯电动客车续驶里程在 250~350 公里范围内，76% 的插电式客车纯电动续驶里程在 50~80 公里范围内。基于等速法纯电动续驶里程如图 26 所示。在接入平台的纯电动客车中，续驶里程在 250~300 公里的车辆最多，占比达 36%，而续驶里程在 450 公里以上的纯电动客车总占比 15%。在接入平台的插电式客车中，纯电动续驶里程在 50~60 公里的车辆最多，占比 28%，60~70 公里和 70~80 公里的车辆次之，均占比 24%，而 100 公里以上的车辆数最少，仅占比 6%。

48% 的纯电动专用车续驶里程小于 200 公里。基于 NEDC 工况的纯电动专用车续驶里程如图 27 所示。其中续驶里程小于 200 公里的车辆最多，占比 48%；200~250 公里和 250~300 公里的车辆次之，占比分别为 20% 和 23%；而续驶里程大于等于 300 公里的纯电动专用车最少，仅占比 9%（见图 27）。

（五）充电行为分析

1.新能源乘用车

如图 28 所示，以北京市不同类型车辆为例，分析出租乘用车、私人乘用

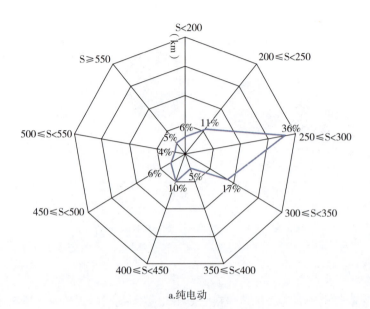

a.纯电动

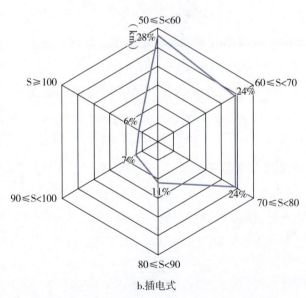

b.插电式

图 26　纯电动和插电式新能源客车纯电动续驶里程分布

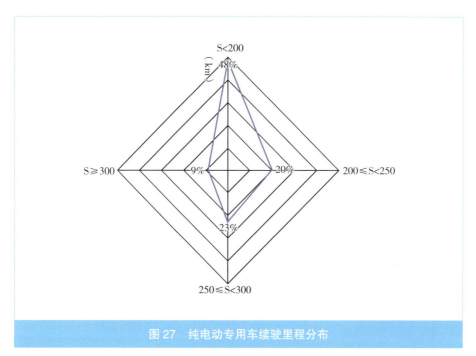

图 27　纯电动专用车续驶里程分布

车、公务乘用车和租赁乘用车充电开始 SOC、充电结束 SOC 和充电开始时间的特征（见图 28）。

各用途车辆充电开始 SOC 分布。 北京市出租乘用车更多选择慢充方式，无论是快充还是慢充，开始充电 SOC 主要分布在 50%~70%。私人乘用车一般有专用充电桩，充电比较方便，为节省充电费用，更多选用慢充方式，快充占比最小，且更多选择在 50%~100%SOC 的高电量时随时补电。公务乘用车同样更多选择慢充，但相比于出租车和私家车，其快充占比有所增加，当 SOC 处于较低电量时多选用快充，当 SOC 处于高电量时更多选用慢充。租赁乘用车多数由租赁公司进行统一管理，为保障用户使用，SOC 为 10%~70% 时快充集中充电，而在 SOC 为 40%~90% 时多选择慢充方式。

不同用途车辆充电结束 SOC 的分布特征。 北京市出租乘用车以慢充为主，出租乘用车充电结束 SOC 主要集中在 90% 以上，即更多时间选择充满电量再结束充电。私人乘用车与出租乘用车呈现的规律一致，租赁乘用车充电

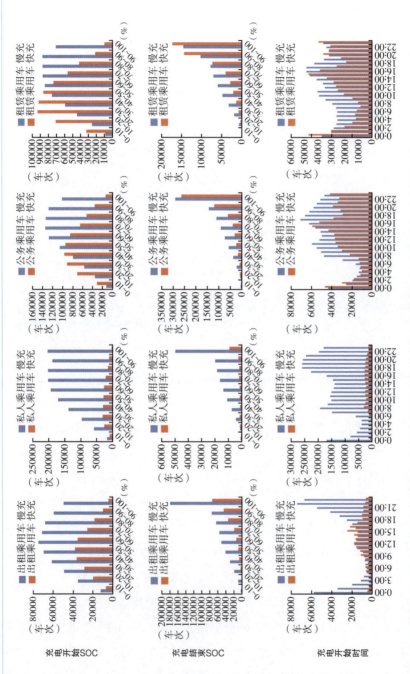

图 28　北京市不同类别新能源乘用车充电行为分布规律

结束 SOC 虽然也更多集中在 80%~100% 的高电量区，但充电结束时 SOC 在 50%~80% 的占比也较其他用途车更高。

不同用途车辆充电开始时间分布特征。出租乘用车慢充和快充的开始时间分布曲线基本相反，快充开始时间更多选择在日间，主要集中于 11:00~15:00，此时间段相对客源较少，司机借机快速充电，而慢充开始时间更多选择在夜间，其中夜间 11 点至次日零点开始充电的频次更高。私人乘用车的充电开始时间更多集中于 8 点至 0 点，且上述时间段开始充电的频次较为平均。公务乘用车白天选择快充和慢充的车辆分布数相近，夜晚以慢充为主。租赁乘用车在 2:00~19:00 时段慢充车辆数多于快充，20:00 点至次日 1:00 呈现出快充多于慢充的趋势。

2.新能源客车

如图 29 所示，以北京市不同类型车辆为例，分析公交客车、公路客车、旅游客车和通勤客车充电开始 SOC 分布、充电结束 SOC 分布和充电开始时间分布特征。

不同用途车辆充电开始时电池 SOC 的分布特征。公交客车充电开始时电池 SOC 处于 50%~60% 区间内的车辆占比最多，且充电开始时的 SOC 呈现近似"正态分布"特征。公路客车与公交客车的充电规律分布较为相似，不同的是公路客车充电开始 SOC 相对较高，SOC 为 60%~70% 时的车辆占比最高。与公交客车和公路客车相比，旅游客车充电开始时的电池 SOC 分布较为分散，SOC 为 50%~60%、60%~70% 和 70%~80% 的车辆分布占比相差不大。通勤客车充电开始时的电池 SOC 主要集中于 40%~80% 范围内，整体分布呈现出较好的"正态分布"特征。

不同用途车辆充电结束时电池 SOC 的分布特征。不同用途的新能源客车充电结束时 SOC 分布规律相似，由于客车日常行驶里程较长，其充电结束时 SOC 均集中于高 SOC 区间 90%~100%，仅有少量的客车 SOC 分布在 90% 以下。

不同用途车辆充电开始时间分布特征。公交客车和公路客车充电开始时间分布规律相似，均集中在 10:00~14:00 和 22:00~0:00，其他时间段充电车辆

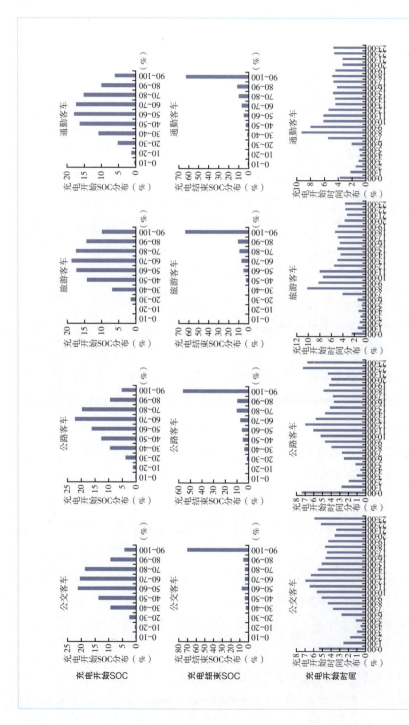

图 29　北京市不同类别新能源客车充电行为分布规律

分布均匀,凌晨充电车辆较少。旅游客车与通勤客车充电开始时间分布规律基本一致,充电开始时间主要集中在 8:00~11:00。选择 0:00~6:00 时段进行充电的车辆较少,而选择其他时段进行充电的车辆分布较为均匀。

3.新能源专用车

如图 30 所示,以北京市不同类型车辆为例,分析物流特种车、环卫特种车和邮政 / 工程特种车充电开始 SOC 分布、充电结束 SOC 分布和充电开始时间分布特征。

不同用途车辆充电开始时电池 SOC 的分布特征。 物流特种车充电开始时的电池 SOC 分布较为分散,主要在 30%~80% 范围内,充电开始时电池 SOC 低于 20% 的车辆较少。环卫特种车充电开始时的电池 SOC 分布较为集中,主要在 60%~70% 范围内,有明显的"正态分布"特征。邮政 / 工程特种车充电开始时电池 SOC 的分布趋势和环卫特种车相近,但邮政 / 工程特种车充电开始 SOC 偏高,集中在 60% 以上。

不同用途车辆充电结束时电池 SOC 的分布特征。 不同用途的新能源专用车充电结束时电池 SOC 分布规律相似,主要集中在 90%~100%。三种新能源专用车中,充电结束时电池 SOC 低于 90% 的物流特种车占比高于环卫特种车和邮政 / 工程特种车。

不同用途车辆充电开始时间分布特征。 物流特种车充电开始时间主要分布在 16:00~22:00,而选择 1:00~6:00 时段进行充电的物流特种车较少,其他时段充电车辆分布较为均匀。环卫特种车开始充电时段主要集中在 11:00 和 16:00~18:00,这主要与环卫车的工作特点相关。邮政 / 工程特种车的开始充电时间主要分布在 16:00~18:00,其他时段除凌晨外分布较为均匀。

(六)故障信息分析

1.故障总体情况分析

国内新能源汽车在运行及充电过程中如发生故障会向数据平台报送故障信息,现国家监控平台的故障信息按程度分为三级,一级是基本不影响车辆运行的故障,二级是需要限制行驶的故障,三级是需要立即停车处理的故障。

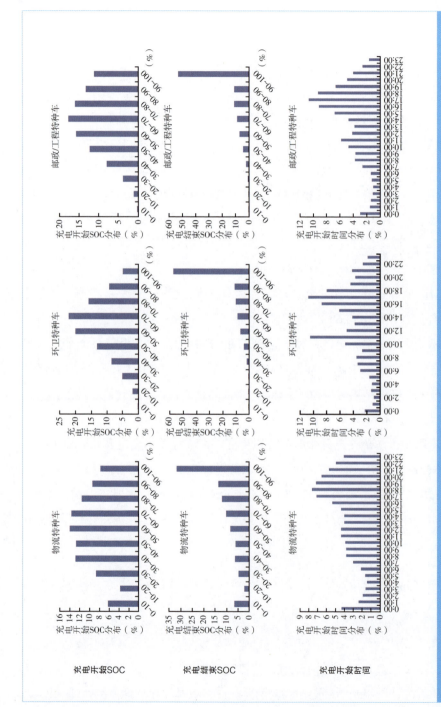

图 30　北京市不同类别新能源专用车充电行为分布规律

合理的阈值设置反映到运行期间各级别故障的占比上，应为一级比例大于二级比例，二级比例大于三级比例，同时在阈值合理设计的基础上，三级故障的占比越低，整车的安全性也越好。

新能源乘用车和新能源客车在夏季二级和三级故障增多。图 31 和图 32 显示的是 2018 年全年在全国范围内运行的新能源乘用车（含纯电和插电）、新

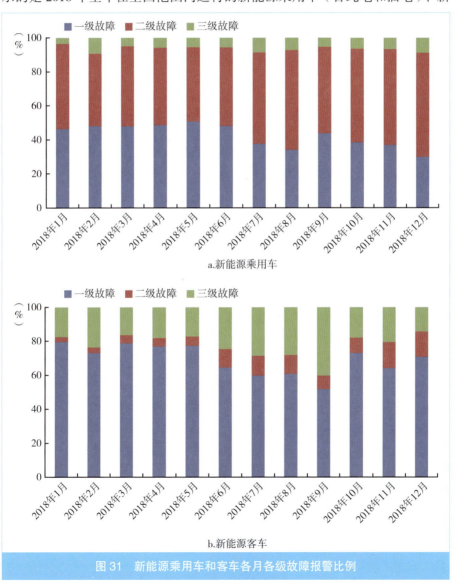

a.新能源乘用车

b.新能源客车

图 31　新能源乘用车和客车各月各级故障报警比例

能源客车（含纯电和插电）、纯电动专用车的各级故障报警相对占比，其中新能源乘用车和新能源客车在夏季 7~9 月中二级故障和三级故障占比之和均较高，高温、多雨的气候因素可能导致了高级别行车故障的增多。新能源乘用车各月一、二级故障占比相近，三级故障占比均未超过 10%，相对较为合理。新能源客车三级故障占比高于二级故障，说明有些故障并未取得较好的预警效果，值得引起生产企业注意。

纯电动专用车故障阈值设置合理性及整车安全性尤其要引起重视。与新能源乘用车和新能源客车不同，纯电动专用车的三级故障占比远大于二级故障占比，部分月度也高于一级故障，说明现有监控状态下故障预警的效果难以达到预期。另外，从全年来看，三级故障占比整体上逐月降低，这种现象有多种可能性，比如车辆运营或生产企业对故障关注度较高，及时返修消除故障，但也有可能存在高级别故障数据丢失的情况，值得引起车辆生产和运营企业注意。

图 32　纯电动专用车各月各级故障报警比例

2.事故案例分析

新能源汽车的安全运行是产业发展的核心要素，通过提取并分析车辆在监控平台的信息可以追溯事故原因，为部件设计生产和整车集成，以及安全运营提供优化方案。此处选取两个案例进行监控数据分析。

案例一：某乘用车，电池压差瞬时变大，同时电池最高温度升高。 在事故时间段内，总电流有负的小电流，见图 33 中右上椭圆圈部分，判断车辆处于浮充状态。如表 2 所示，电池处于 SOC=99%，最高温度由 27℃上升到 84℃，在 1 秒变化 57℃，属于温度变化率过高的情况，而单体电压最高值出现短时上升 0.804V，电池压差过大。单体电压最低值短时出现压降，然后瞬间变为0，电池单体内短路失效最终导致起火引发事故。

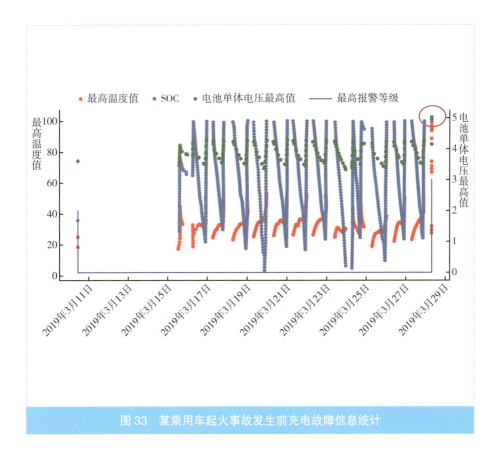

图 33　某乘用车起火事故发生前充电故障信息统计

时间	总电流（A）	SOC	电池单体电压最高值(V)	电池单体电压最低值(V)	最高温度值（℃）
07:22:23	−0.3	99	4.141	4.1	27
07:22:24	−0.2	99	4.141	4.087	84
07:22:25	−0.2	99	4.945	4.087	84
07:22:26	−0.2	99	4.945	0.01	86
…	…	…	…	…	…
07:22:45	−0.2	99	4.998	0	102
07:22:46	−0.2	99	4.998	0	69
07:22:47	−0.2	99	4.998	0	28
07:22:48	−0.2	99	4.151	0	28
…	…	…	…	…	…
07:23:29	−0.2	99	4.145	0	28
08:20:07	−0.2	99	4.145	4.12	28
08:20:37	−0.2	99	4.145	4.12	28

表2　某乘用车起火事故发生前充电故障信息统计

案例二：某纯电动车起火前三天频发绝缘故障报警，事故当天频发电池高温报警，未引起重视。该车辆在事故前三天发生了1条3级绝缘故障报警和8条2级绝缘故障报警，车辆在起火发生当日，连续发生了6条3级电池高温报警，1条2级绝缘故障报警，接连又发生了33条3级电池高温报警。该车从首次发送绝缘故障三级报警信息到起火事故发生有超过48小时的时间可以进行检修，起火事故当日首发三级电池高温报警信息到事故发生也有将近一个小时的时间进行停车检修，这是一个是比较典型的预警信息到位，但未及时进行故障处理导致事故发生的案例，只有新能源汽车的运行监控、故障通知、故障处理三个层面都及时有效，才能将安全运行工作做好。具体参见表3和表4。

表 3　某乘用车起火事故三天前故障报警信息统计

实时数据时间	最高报警等级	故障报警类型	相关参数
16:05:53	3	绝缘故障	绝缘电阻 34
16:05:54	2	绝缘故障	绝缘电阻 176
16:05:55	2	绝缘故障	绝缘电阻 171
16:05:56	2	绝缘故障	绝缘电阻 173
16:05:57	2	绝缘故障	绝缘电阻 176
16:05:58	2	绝缘故障	绝缘电阻 173
16:05:59	2	绝缘故障	绝缘电阻 174
16:06:00	2	绝缘故障	绝缘电阻 176
16:25:56	2	绝缘故障	绝缘电阻 174

表 4　某乘用车起火事故当天故障报警信息统计

实时数据时间	最高报警等级	故障报警类型	相关参数
08:44:58	3	电池高温报警	最高温度值 75（3 号探针）
…	…	…	…
08:59:14	2	绝缘故障	绝缘电阻 183
09:14:19	3	电池高温报警	最高温度值 68（4 号探针）
…	…	…	…
09:23:48	3	电池高温报警	最高温度值 70（4 号探针）
…	…	…	…
09:24:03	3	电池高温报警	最高温度值 69（4 号探针）

三　我国新能源汽车安全运行发展建议

统筹政府规划和社会资本共同建设科学有效充电网络，提升充电设施使用效率。 从监控平台得到的各类新能源汽车运行情况来看，判断一个城市充电网络是否能支撑起日益增长的新能源汽车保有量，公共充电桩的绝对数量并不是唯一标准，快慢充比例、位置布局这些要素同样重要，比如从出租车充电特征得到夜间慢充多、日间快充多的特点，那么多在居民区建设公共慢充桩便于夜间充电，多在工作园区、景点、医院等出租车等候的地方建设快充桩就较为合理。所以在构建城市充电网络时，要统筹好城市充电规划与实际需求的关系，城市充电规划要规定哪些场地可以建设充电桩及相应停车位，并向社会公布，由社会资本进行科学试测，科学规划充电桩密度和类型，合理设定充电停车费用减免方案，并提交政府备案，让经营方掌握获利的主动权，提升充电桩的使用效率，而政府应多在充电电费补贴等方面予以支持，进而形成资源与资本的互促互进，共同建设科学合理的充电网络。

做好运行监控、故障通知、故障处理联动工作，确保新能源汽车运行安全。从监控平台收集的起火车辆运行故障信息来看，多起起火事故发生之前的几个小时甚至几天前起火车辆频发过三级预警信息，虽然车辆中控屏同时会有故障灯亮起，但由于一般燃油车故障灯亮起不致引发起火等严重事故，所以电动汽车的故障灯也难以引起重视，或者故障并没有完全消除就继续带"病"行驶，最终造成起火事故，给整个行业带来不好的影响。目前国家平台的数据量巨大，一般作为事故责任追溯主体，而企业监控平台监控数据更加完备，车辆规模也相对较小，应做到以车辆生产企业为中心，联合运营企业和车主，做好运行监控、故障通知、故障处理联动工作，使运营企业或私家车主快速响应进行故障维修，保障运营安全。

联合行业力量深度解析动力电池失效机理和测试方法，合理构建以动力电池安全为核心的预警体系。目前新能源汽车的安全事故原因最主要集中于动力电池相关故障，由于各企业的故障阈值由自己设定，受限于技术水平，有些企业的阈值设定有不合理之处，导致有些车辆"虽具监控之名，不具监控之实"，亟须建立行业相对统一的、更为科学合理的预警体系。因此，建议由电动汽车安全运行的相关管理机构牵头，联合整车企业、电池及系统企业，以国家监控数据为依托，依托整车和电池相关企业的故障信息反馈，深度解析动力电池失效机理以及科学的测试方法，不断完善国家和企业监控平台的预警体系，使监控效果更具有科学性和实效性。

重视提高低温续航水平和降低里程衰减率，同时保障用户知情权。从监控数据分析可以看出，2016 年 12 月上线的纯电动汽车，其当月实际运行里程往往较标称续驶里程低 5% 左右，运行一年和两年后续驶里程也持续降低，有的车型运行两年后，全年实际 100%SOC 可行驶的距离较标称续驶里程降低超过 20%，这往往带来了较差的用户体验和口碑。实际 100%SOC 可行驶的距离跟低温环境、电动附件的效率，以及静置时间等有较大的关系，车企和动力电池相关企业在改进技术、提高低温续航能力的同时，建议由第三方机构进行相关测试与研究，提出在标称工况之外应标注的续航能力衰减的影响因子指标，并提出科学的测试方法，供企业进行测试与标注，保障用户的知情权和选择权。

建立动力电池残值评价指标体系，攻克回收技术，加快动力电池梯次利用及回收利用的产业化进程。 动力蓄电池回收利用是新能源汽车产业健康可持续发展的重要基础。我国动力电池梯次利用及回收的政策与规范近几年来陆续出台，但由于报废电池的数量规模较小，技术攻关和产业化进展缓慢，用于动力电池梯次利用的残值评估指标体系也尚未建立。截至 2018 年 12 月，新能源汽车累计产量超过 300 万辆，动力蓄电池配套量超过 140GWh，预计 2020 年电池退役量约 25GWh，2025 年退役量约 116GWh。动力蓄电池回收利用问题严峻，攻克动力电池回收再利用技术，大力发展循环经济，将会使新能源汽车更加绿色清洁。

车 辆 篇

Vehicles Report Section

B.2
2019 年新能源私家乘用车运行
大数据研究报告

樊春艳　侯　毅　严　滢[*]

摘　要：　本文基于新能源汽车国家监测与管理平台 2018 年 1 月至 2018 年
　　　　　12 月新能源私家车的相关运行数据，根据纯电动私家乘用车和
　　　　　插电式混合动力私家乘用车的特点，通过车型分布、上线率、日
　　　　　均行驶里程、快／慢充选择和故障报警核心问题等指标对比分析
　　　　　发现，目前纯电动私家乘用车的里程忧虑依然存在，综合新能源
　　　　　私家车推广量大和覆盖面广考虑，新能源私家车的电池安全问题
　　　　　应引起高度重视。

关键词：　新能源私家乘用车　上线率　快／慢充　故障分布　节能减排

＊　樊春艳，本科，高级工程师，中汽中心新能源汽车技术服务中心项目总监；侯毅，本科，
　　新能源汽车国家监测与管理平台；严滢，本科，新能源汽车国家大数据联盟。

一　总体概况

截至 2018 年底，接入平台的纯电动私家乘用车 A00 和 A0 级车型占比较高，插电式混合动力私家乘用车中 SUV 车型占比在 60% 以上。目前新能源私家乘用车中纯电动和插电式混合动力车型占比分别为 75.31% 和 24.69%，其中，纯电动私家乘用车以 A00 级、A0 级、A 级和 SUV 车型为主，占比分别为 42%、25%、18% 和 11%，插电式混合动力私家乘用车以 SUV 车型、A 级和 B 级为主，占比分别为 61%、21% 和 15%（见图 1）。

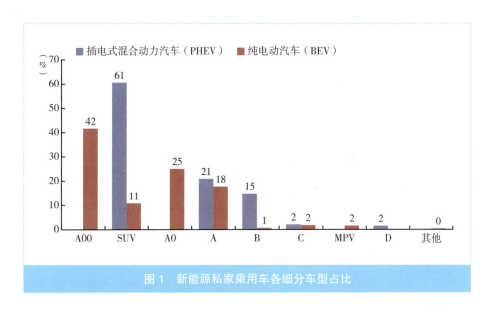

图 1　新能源私家乘用车各细分车型占比

纯电动私家乘用车保有量中工况续航里程主要位于 100~300km 区间。目前已经运营推广的新能源私家乘用车中纯电动私家乘用车工况续航里程 100km 以上的车辆占比 99.99%，其中 100~200km（含 200km）区间车辆占比 54.48%，300~400km（含 400km）区间车辆占比 22.63%，200~300km（含 200km）区间车辆占比 20.22%，400km 以上车辆占比 2.66%（见图 2）。

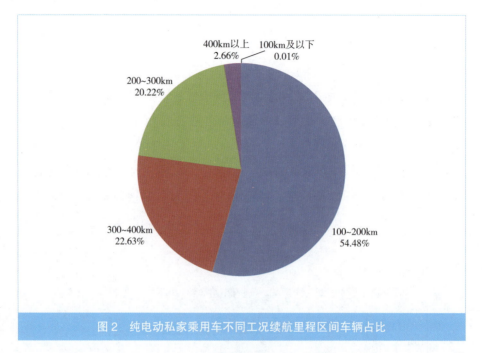

图 2　纯电动私家乘用车不同工况续航里程区间车辆占比

截至 2018 年 12 月底，平台录入的新能源私家乘用车共计 73 万辆，其中纯电动私家乘用车推广应用数量相对集中的区域为华东、华北、华中和华南地区，四个区域推广数量占全国新能源私家乘用车总推广应用量的 70.65%（见图 3）。插电式混合动力私家乘用车主要推广集中区域为华东和华南，两大区域推广数量占全国新能源私家乘用车总推广量的 19.83%，华东地区以上海和杭州为主，华南地区为深圳和广州，占插电式混合动力私家乘用车总推广量的 72.94%。由于受限牌和摇号等的制约，上海、杭州、深圳等部分城市把插电式混合动力乘用车纳入地方新能源汽车采购目录，从而推动了插电式混合动力私家乘用车的快速推广应用。

北京、合肥和南昌等全国前十大城市纯电动私家乘用车推广运营量约占全国 60%。安永《腾讯新能源汽车洞察报告》分析，个人购买消费者新能源汽车的主要原因为获取个人牌照。由于受国内一线城市限牌、摇号等政策影响，尤其是北京针对新能源汽车确定了每年的摇号分配指标，从全国纯电动私家乘用车推广应用情况来看，北京、合肥、南昌、天津和郑州等 TOP10 城市共

图 3　不同区域纯电动和插电式混合动力私家乘用车推广量

计推广了 245112 辆纯电动私家乘用车，占全国总量的 60.15%（见图 4）。其中，北京、合肥和柳州属于新能源产业和市场推广同步推进的城市，当地车企北汽、江淮、通用五菱等依托地方政策优势也发展非常迅速。

图 4　2018 年纯电动私家乘用车上线运营量排名 TOP10 城市

上海、深圳和广州等全国前十大城市插电式混合动力私家乘用车推广运营量约占全国的 83%。插电式混合动力私家乘用车推广代表性城市为上海和深圳，结合当地的产业优势，两地政府都比较鼓励插电式混合动力车型的推广应用，政策的开放度也相对较高，上海、深圳、广州和杭州等推广量全国 TOP10 城市共计推广 147990 辆插电式混合动力私家乘用车，占全国总量的 83.07%（见图 5）。

图 5　2018 年插电式混合动力私家乘用车推广运营量排名 TOP10 城市

国内纯电动私家乘用车 2018 年上线率约 70%。通过对比 2018 年纯电动私家车上线运营车辆与累计录入车辆情况发现，全国纯电动私家乘用车上线率为 70.03%。结合国内纯电动私家乘用车运营推广前十名城市的上线率情况，除柳州外，其他城市纯电动私家乘用车上线率皆处于 75% 以上，其中合肥市的纯电动私家乘用车上线率达 95.10%（见图 6）。

国内插电式混合动力私家乘用车 2018 年上线运行率约 99%。通过对比 2018 年插电式混合动力私家乘用车上线运营车辆与累计录入车辆情况发现，全国插电式混合动力私家乘用车上线率为 98.70%。结合国内插电式混合动力私家乘用车运营推广前十名城市的上线率情况，目前插电式混合动力私家车乘用车的上线率皆处于 98% 以上（见图 7）。

图 6　纯电动私家乘用车上线率排名 TOP10 城市

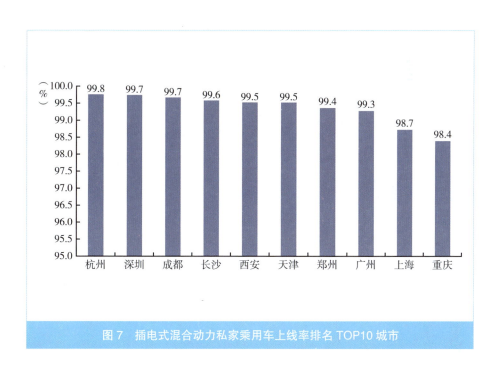

图 7　插电式混合动力私家乘用车上线率排名 TOP10 城市

纯电动私家乘用车 TOP10 城市日均行驶里程处于 60 公里以下。 腾讯社交平台消费者调研发现，当前新能源汽车主要出于个人日常通勤和家庭城内出行等短途出行目的。考虑样本量充足性、数据的连续性等因素，现选取国内纯电动私家乘用车月均上线车辆数在 200 辆及以上，2018 年连续十二个月对日均行驶里程数据齐全的城市进行对比分析也发现，目前排名前十的城市纯电动私家乘用车的日均行驶里程为 50 公里左右，其中，深圳市纯电动私家乘用车日均行驶里程相对较长，为 56 公里（见图 8），结合目前纯电动私家乘用车的标称工况续驶里程为 200 公里以上，使用效率仍有待进一步提升。

图 8　纯电动私家乘用车日均行驶里程排名 TOP10 城市

考虑样本量充足性、数据的连续性等因素，筛选插电式混合动力私家乘用车月均上线车辆 50 辆及以上，将 2018 年连续十二个月日均行驶里程数据齐全的城市进行对比分析发现，目前排名前十的城市插电式混合动力私家乘用车日均行驶里程为 45 公里以上（见图 9），其中，广州市和杭州市插电式混合动力私家乘用车日均行驶里程相对较长，为 62 公里。

图 9　插电式混合动力私家乘用车日均行驶里程排名 TOP10 城市

二　运营效率

考虑样本量充足性、数据的连续性等因素，选取国内 2018 年连续十二个月纯电动和插电式混合动力私家乘用车日均行驶里程数据齐全的十个城市进行对比分析发现，2018 年插电式混合动力私家乘用车十个城市的日均行驶里程位于 46~62 公里区间，十个城市的纯电动私家乘用车日均行驶里程处于 23~56 公里区间（见图 10），由于新能源私家乘用车目前的用途仍以上班代步为主，跨城际的长距离行驶用途相对较少，所以标称工况续驶里程已基本满足市内代步的日均行驶里程需求。

纯电动私家乘用车约 95% 的行驶天数日均行驶里程位于 60 公里以下区间。从 2018 年运营车辆日均行驶里程区间分布情况来看，目前国内纯电动私家乘用车日均行驶里程处于 90 公里以内的日行驶车天数约占 98.39%，其中 30 公里以下和 30~60 公里里程区间日行驶车天数占比分别为 48.69% 和 46.56%；对比插电式混合动力私家乘用车来看，日均行驶里程主要位于 120 公里区间

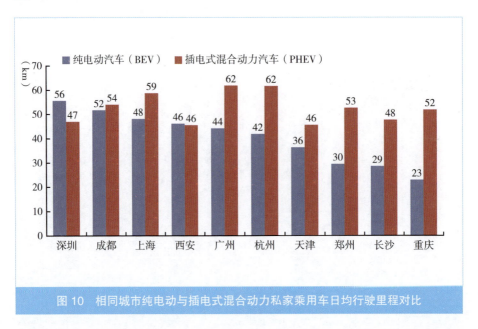

图 10　相同城市纯电动与插电式混合动力私家乘用车日均行驶里程对比

以内，日行驶车天数占比 98.47%，其中 30~60 公里和 60~90 公里区间占比较高，分别为 70.31% 和 16.98%（见图 11）。

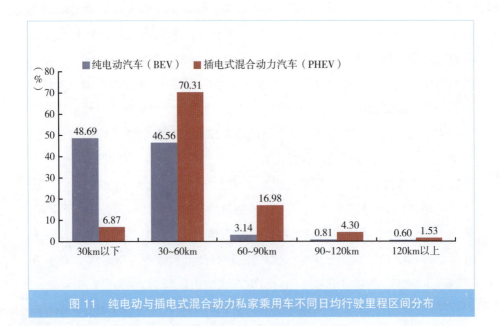

图 11　纯电动与插电式混合动力私家乘用车不同日均行驶里程区间分布

三 经济性

腾讯社交平台消费者调研发现，成本和刚需是当前新能源汽车消费者购买的主要考量因素，新能源汽车比同平台燃油车能源费用低是消费者购买新能源汽车考量的第一要素，现从纯电动私家车乘用车总质量与其百公里电耗的散点分布情况来看，剔除异常数据影响，纯电动私家乘用车的百公里电耗位于 10~31kWh 区间内（见图 12），纯电动私家乘用车总质量位于 0.9 吨至 3 吨区间内，纯电动私家乘用车的百公里电耗随着纯电动私家乘用车的整车总质量逐步增加总体呈上升趋势。通过拟合趋势线可以看出，纯电动私家车整车总质量为 0.9 吨 ~1.7 吨时（红色线之左），百公里电耗值随总质量增加的趋势线曲率趋缓，而高于 1.7 吨（红色线之右）时，百公里电耗值随总质量增加的趋势线渐陡。

通过计算国内不同城市纯电动私家乘用车的百公里动力成本情况来看，

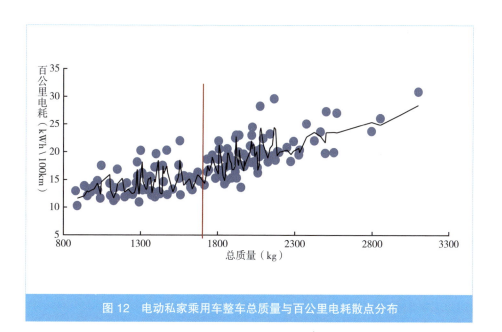

图 12 电动私家乘用车整车总质量与百公里电耗散点分布

目前国内纯电动私家乘用车的百公里动力成本位于7~13元区间内，动力成本主要受纯电动私家乘用车百公里电耗和当地电价两大因素影响。比如同处于西北的银川与新疆乌鲁木齐两市，百公里电耗分别为24.23kWh和26.75kWh，由于百公里电耗水平相对较高，所以尽管当地居民用电单价较低，但其百公里动力成本约11元，处于相对较高的水平；另外，深圳和珠海两市民用峰谷电价的平均度电成本分别为0.70元/kWh和0.65元/kWh，从而导致了百公里动力成本处于相对较高的水平，分别为13元/百公里和12元/百公里（见图13）。

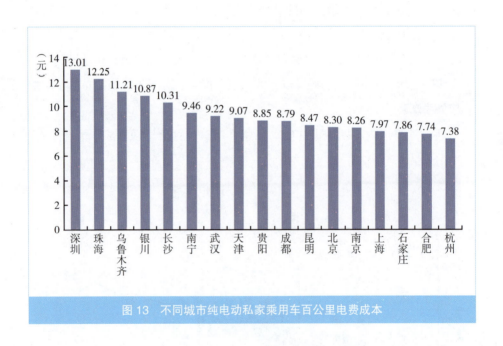

图13　不同城市纯电动私家乘用车百公里电费成本

四　安全性

统计分析2018年全年纯电动私家乘用车的故障报警情况发现，纯电动私家乘用车一级故障报警占比达40%，二级故障报警占比51%，三级故障报警占比9%（见图14）。

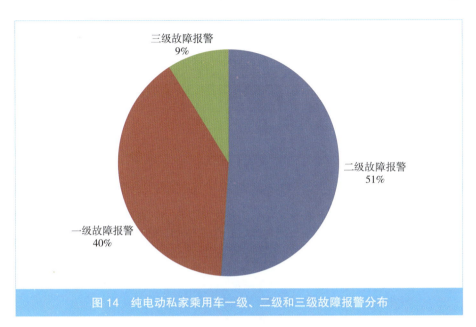

图 14 纯电动私家乘用车一级、二级和三级故障报警分布

统计分析 2018 年全年插电式混合动力私家乘用车的故障报警情况发现，插电式混合动力私家乘用车的三级故障报警占比约 40%，一级故障报警占比 32%，二级故障报警占比 28%（见图 15）。

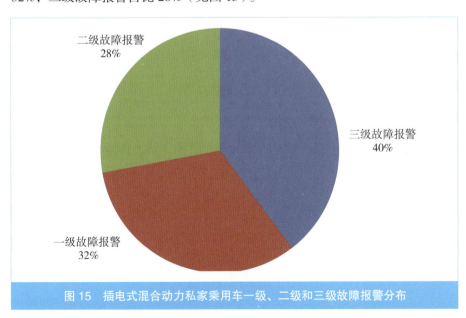

图 15 插电式混合动力私家乘用车一级、二级和三级故障报警分布

从纯电动私家乘用车故障报警排名 TOP10 来看，DC 温度、DC 状态、制动系统故障、单体电池欠压和 SOC 过高等故障占比较高，TOP10 故障占比98.01%，其中 DC 故障、制动系统故障和单体电池欠压前四大故障报警占总故障量的84.92%（见图16）。

图 16　纯电动私家乘用车故障报警 TOP10

从插电式混合动力私家乘用车故障排名 TOP10 来看，SOC 跳变、SOC 过高、制动系统故障和 SOC 低等故障报警占比高，TOP10 故障占总故障的98.99%，其中，SOC 方面的故障较为突出，三大类 SOC 故障占总故障的83.98%（见图17）。

考虑到装配不同外形电池的纯电动私家乘用车上线运营量不同，故采取不同外形电池的纯电动私家乘用车进行单独分析，其中方形动力电池装配的纯电动私家乘用车故障集中于单体电池欠压问题，占该类车型故障的88.85%；软包动力电池装配的纯电动私家乘用车故障主要集中于动力蓄电池一致性差和 SOC 低两方面，其中，动力蓄电池一致性差占比67.28%，SOC 低故障占比16.20%，合计占该类车型故障的83.48%；圆柱形动力电池装配的纯电动私家乘用车故障主要为 SOC 过高和单体电池过压两方面，故障合计占该类车型的73.83%（见图18）。

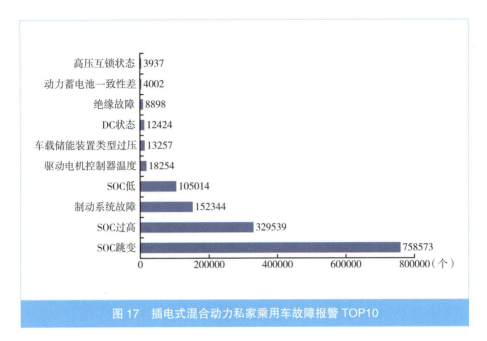

图 17　插电式混合动力私家乘用车故障报警 TOP10

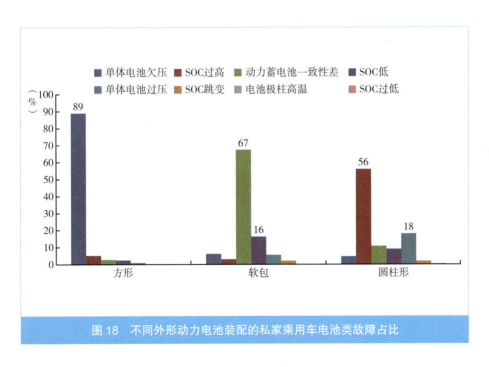

图 18　不同外形动力电池装配的私家乘用车电池类故障占比

考虑到不同储能装置类型所装配的纯电动私家乘用车上线运营量不同，故采取不同储能装置类型装配的纯电动私家车进行单独分析，其中磷酸铁锂电池装配的纯电动私家乘用车故障集中在动力蓄电池一致性差和SOC过高两个方面，故障合计占该类车型的90.47%；锰酸锂动力电池装配的纯电动私家乘用车故障主要集中于单体电池欠压问题，故障占该类车型的99.94%；三元材料动力电池装置的纯电动私家乘用车故障主要为SOC过高和单体电池过压两方面，故障合计占该类车型的68.29%（见图19）。

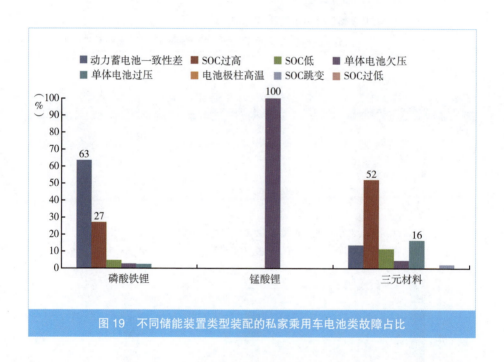

图19　不同储能装置类型装配的私家乘用车电池类故障占比

五　充电情况

从纯电动私家乘用车年累计充电量城市排名情况来看，北京、合肥、天津、郑州和深圳等城市排名居前，考虑到纯电动私家乘用车充电量主要与车辆上线数量、累计行驶里程、充电便利性等密切相关，北京、合肥、天津和郑州等都是国内纯电动私家乘用车推广排名居前的城市，其中，深圳市和合肥市年累计充电量分别为 3769.07 万度和 2531.14 万度（见图 20）。

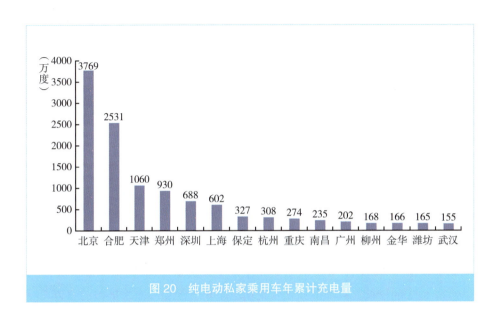

图 20　纯电动私家乘用车年累计充电量

从插电式混合动力私家乘用车年累计充电量城市排名情况来看，深圳、上海、杭州、广州和天津等城市排名居前，考虑到充电量主要与车辆上线数量、累计行驶里程、充电便利性等密切相关，深圳、上海、杭州、广州和天津等城市是国内插电式混合动力私家乘用车推广排名前五大城市，年累计充电量同样排名居前五，其中，深圳和上海年累计充电量分别为 1179.07 万度和 1056.62 万度（见图 21）。

腾讯社交平台消费者调研发现，新能源汽车的续航和充电不便利是当前新能源汽车消费者使用体验中的主要问题，也是影响其增换购意愿的重要原因。现通过统计纯电动私家乘用车与插电式混合动力私家乘用车不同 SOC 区间开始充电的年累计充电次数发现，插电式混合动力私家乘用车选择充电开始 SOC 位于 10%~20% 区间占比最高，约 44.46%，低于 30%SOC 的各个区间开始补电占比高于纯电动私家乘用车，反观纯电动私家乘用车充电起始 SOC

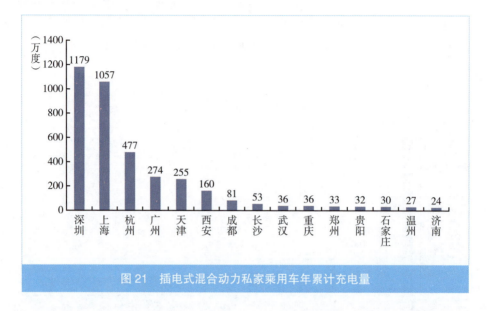

图 21 插电式混合动力私家乘用车年累计充电量

高于 30% 的各个区间皆高于插电式混合动力私家乘用车，90% 以上 SOC 区间仍然有 12% 的比例，故纯电动私家乘用车主尽管配套电池容量相对较高，但车主对 SOC 剩余量的里程忧虑较强，故车主会选择随时补电。

图 22 纯电动和插电式混合动力私家乘用车不同 SOC 区间开始充电分布

结合快慢充方式选择情况来看，插电式混合动力私家乘用车选择慢充占比达 99.62%，纯电动私家乘用车选择快充占比为 19.74%，由于插电式混合动力储电量少，可选择燃油驱动模式，一般很少采用含服务费的快充模式补电；另外，通过计算月均充电次数发现，插电式混合动力私家乘用车月均充电 23次，纯电动私家乘用车月均充电次数为 12 次（见表 1）。

表 1　纯电动和插电式混合动力私家乘用车快 / 慢充方式选择分布

单位：%，次

动力类型	快充占比	慢充占比	月均充电次数
插电式混合动力	0.38	99.62	23
纯电动	19.74	80.26	12

结合目前新能源私家乘用车主要用途来看，以上下班代步为主，基于上下班作息来看，以 8 点到 21 点之间是日常活动较为频繁时段，各时段充电比例维持在 5.4% 左右，累计占比 70% 以上（见图 23）。

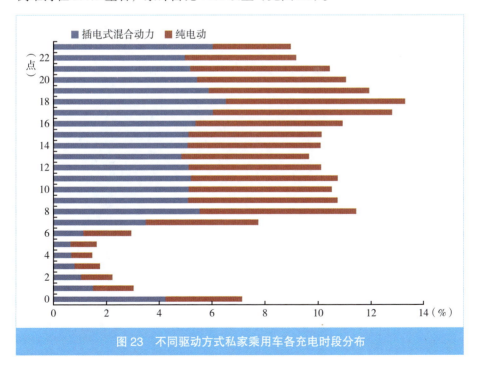

图 23　不同驱动方式私家乘用车各充电时段分布

　　围绕新能源私家乘用车的代步用途，一般充电场景为办公区充电和家用充电，家用充电场景以慢充为主，所以早晚八点之外的场景模式基本上以慢充为主，但在早晚八点的工作区间选择快充比例也相对较高，维持在 5.6% 左右的水平（见图 24）。

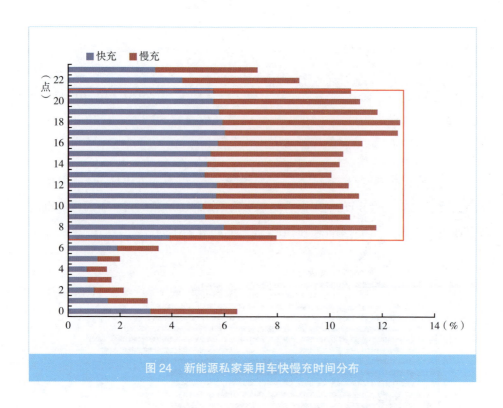

图 24　新能源私家乘用车快慢充时间分布

六　节能减排

　　从全国七个大区 2018 年减排情况统计分析来看，减排量与新能源运营车辆及运营里程密切相关，华东、华北和华南区为推广新能源私家乘用车辆相对较多的区域，全年累计减排量分别为 24.65 万吨、11.52 万吨和 9.68 万吨，华中、西南、西北和东北各区全年的减排量分别为 3.94 万吨、2.27 万吨、0.90万吨和 0.33 万吨（见图 25）。

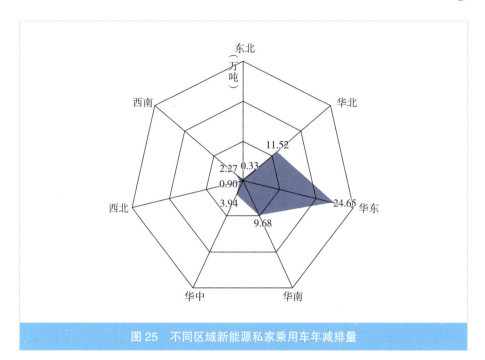

图 25　不同区域新能源私家乘用车年减排量

考虑样本量充足性、数据的连续性等因素，通过筛选月上线车辆超过 2000 辆纯电动私家乘用车的典型城市，分析各典型城市的纯电动私家乘用车年节能减排量情况发现，南昌市和重庆市纯电动私家乘用车年均减排量约 2.29 吨／车年和 2.27 吨／车年，郑州市约 0.78 吨／车年，相较于纯电动出租车来看，节能减排效果仍有较大提升空间（见图 26）。

七　小结与建议

新能源私家乘用车标称续驶里程基本能够满足市内代步需求。对比国内纯电动私家车、插电式混合动力私家车的标称行驶里程与实际行驶里程可知，标称行驶里程 100km 以上的车辆占比 99.99%，而目前新能源私家乘用车日实际续驶里程约为 60km。

私家车主对纯电动车型里程忧虑仍存在，上线率仍待提升。结合纯电动私

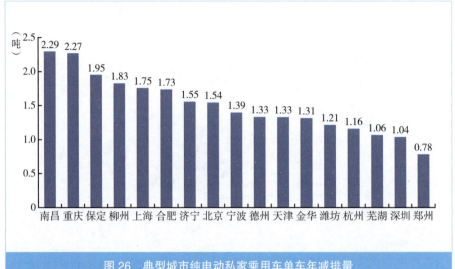

图 26　典型城市纯电动私家乘用车单车年减排量

家车充电起始 SOC 分布情况，纯电动私家乘用车日均行驶里程相较于插电式混合动力车型低，以及纯电私家车较插电混合动力私家车上线率低等分析可以看出，纯电动车型里程忧虑依然普遍存在，纯电动私家乘用车的上线率仍待进一步提升。

新能源私家车的电池安全问题应引起高度重视。首先，新能源汽车的电池系统安全问题直接影响整车安全，所以产品质量提升是重中之重；其次，新能源私家乘用车已经成为新能源汽车推广应用的主力，也是未来新能源汽车产业成长的主要动力，未来仍将呈快速增长态势，但制动系统问题、半轴未完全装配到位或半轴卡簧变形问题等导致的召回将影响消费者对新能源私家车的产品认可度，易引发社会大众的普遍关注；最后，随着中国汽车市场的开放程度越来越高，国内新能源汽车企业和产品都将迎接国际化的竞争，某些质量问题或将导致企业长期处于竞争劣势。

B.3

2019年新能源出租车运行大数据研究报告

朱　成　武进壮　米建丽*

摘　要：　本文基于新能源汽车国家监测与管理平台2018年1月至2018年12月新能源出租车的相关运行数据，根据纯电动出租车和插电式混合动力出租车特点，通过日均行驶里程、百公里动力成本、年节能减排量和故障报警核心问题等指标对比分析发现，新能源出租车的产品认可度逐步提高，节能减排效果明显，但车辆的综合使用效率仍待提升，产品质量也需进一步提高。

关键词：　新能源出租车　工况续驶里程　故障报警　节能减排

一　总体概况

新能源出租车以A级和MPV车型为主。目前新能源出租车中约95.82%的车辆动力类型为纯电动，且以A级和MPV车型为主，占比分别为68.87%和25.18%，合计占比为94.05%（见图1）；插电式混合动力出租车约2577辆，由A级、B级和SUV车型组成，以A级车型为主，占比为84.28%。

纯电动出租车工况续航里程主要位于200~300km区间。目前新能源出租车中纯电动出租车工况续航里程200km以上的车型占比93.98%，其中，200~300km（含300km）区间的车型占比55.58%，300km以上区间车型占比

---

*　朱成，博士，高级工程师，中汽中心新能源汽车技术服务中心主任；武进壮，硕士，新能源汽车国家大数据联盟；米建丽，本科，新能源汽车国家监测与管理平台。

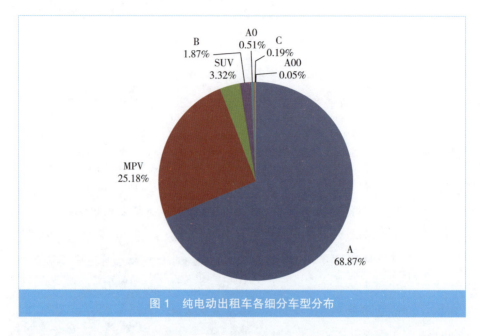

图 1　纯电动出租车各细分车型分布

38.40%（见图 2）；插电式混合动力出租车工况续航里程皆为 100 公里及以下区间内。

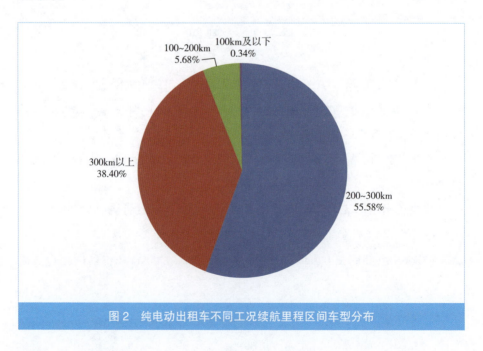

图 2　纯电动出租车不同工况续航里程区间车型分布

核心经济圈、一线城市和省会城市成为国内新能源出租车重点推广区域。截至 2018 年 12 月底，国内运行的新能源出租车 61678 辆，其中纯电动汽车（BEV）和插电式混合动力汽车（PHEV）占比分别为 95.82% 和 4.18%。结合不同区域分布情况来看，华东、华南和华北地区推广应用数量相对较多，三大区域推广数量占全国总推广应用量的 76.78%（见图 3），尤其是围绕长三角、珠三角和京津冀等核心经济圈的一线城市、省会城市推广量突出，主要受地方政策支持力度、地方财政实力、环保压力等因素推动，比如深圳市针对新能源出租车的推广应用专门推出鼓励应用政策细则，涉及纯电动出租车的推广设定指标、奖励方案、运营管理等多个方面。

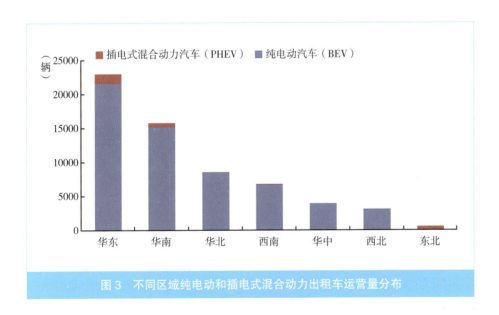

图 3 不同区域纯电动和插电式混合动力出租车运营量分布

全国前十大城市纯电动出租车推广运营量约占全国 69%。依托"十城千辆"政策的推广应用基础，在国家政策持续推动下，国内一线城市、省会城市等成为国内新能源出租车推广应用的"主力军"，多数城市都已推出了新能源汽车推广应用及产业化的地方政策，部分城市针对新能源出租车领域出台了专项政策，比如深圳市交通运输委员会推出了新能源出租车推广应用政策实施细则，明确了新能源出租车的置换和指标奖励，补贴额度、管理要求等。从全国纯电动租出车推广应用情况来看，深圳、杭州、北京、广州和成都等TOP10城市共计推广了36917辆纯电动出租车，占全国总量69.15%（见图4），其中，深圳市由于地方政策支持力度大、当地新能源产业发展相对成熟等因素推动，其纯电动出租车推广运营量达9945辆，居于国内城市推广量首位。

图4　纯电动出租车2018年推广运营量排名TOP10城市

全国前十大城市插电式混合动力出租车推广运营量约占全国91%。插电式混合动力出租车较纯电动车型补贴额度低一点，从目前新能源乘用车企业推广车型来看，主要有上汽、比亚迪、吉利等车企推出了插电式混合动力乘用车，可选择车型相对较少，且推出的量产车型也以私家乘用车应用领域为主，较同款型纯电动出租车的综合售价高出数万元，加之部分地方政府重点鼓励纯电动车型推广应用，未将插电式混合动力乘用车纳入地方补贴体系，故导致插电式混合动力出租车推广量较少，其占新能源出租车推广总量的4.4%，杭州、哈尔滨、佛山和广州等推广量全国TOP10城市共计推广了2337辆插电式混合动力出租车，占全国总量的91.68%（见图5），其中杭州市公共领域新能源乘用车推广应用较多,鼓励网约车、微公交、绿色共享汽车等发展,其政策的兼容性、市场的开放度相对较高,其纯电动出租车和插电式混合动力出租车推广量排名皆位于国内前列。

图 5　插电式混合动力出租车 2018 年上线运营量排名 TOP10 城市

全国纯电动出租车上线率在 90% 以上。通过分析 2018 年纯电动出租车上线运营车辆与累计录入车辆比例发现,全国纯电动出租车上线率约 90.33%,结合国内纯电动出租车运营推广前十名城市的上线率情况,除北京和南京外,其他城市纯电动出租车上线率皆处于 90% 以上,北京市纯电动出租车 2017 年上线率较高,接近 100%,但 2018 年上线率降至 54.3%(见图 6),或受主要出租车车型供应企业当年车辆召回事件的影响。

全国插电式混合动力出租车上线率约 99%。通过分析 2018 年插电式混合动力出租车上线运营车辆与累计录入车辆比例发现,全国插电式混合动力出租车上线率约 98.91%,结合国内插电式混合动力出租车运营推广前十名城市的上线率情况,上线率皆处于 97% 以上,除杭州和广州外,其他八个城市上线率约 100%(见图 7)。

图6 纯电动出租车上线率排名 TOP10 城市

图7 插电式混合动力出租车上线率排名 TOP10 城市

深圳市纯电动出租车日均行驶里程超 300km。考虑样本量充足性、数据的连续性等因素，筛选国内纯电动出租车上线车辆达 100 辆及以上，以及将 2018 年连续十二个月的纯日均行驶里程数据齐全的城市进行对比分析发现，目前国内排名前十的城市纯电动出租车日均行驶里程处于 170km 以上的水平，其中深圳纯电动出租车日均行驶里程达 337km（见图 8）。

图 8　纯电动出租车日均行驶里程排名 TOP10 城市

考虑样本量充足性、数据的连续性等因素，筛选国内插电式混合动力出租车上线车辆达 30 辆及以上，以及将 2018 年连续十二个月的日均行驶里程数据齐全的城市进行对比分析发现，目前国内排名前十的城市插电式混合动力出租车日均行驶里程为 130km 以上，其中广州市插电式混合动力出租车日均行驶里程最高，为 191km（见图 9）。

二　运营效率

纯电动和插电式混合动力出租车的运行效率皆待进一步提升。考虑样本量充足性、数据的连续性等因素，选取 2018 年连续十二个月纯电动和插电式混合动力出租车日均行驶里程数据齐全的十个城市对比分析，2018 年插电式混合动力和纯电动出租车的日均行驶里程皆位于 210km 以下水平，厦门、广州、南京和温州四个城市插电式混合动力出租车的日均行驶里程明显高于纯电动

图 9　插电式混合动力出租车日均行驶里程排名 TOP10 城市

车型，石家庄、贵阳、重庆和福州四个城市纯电动出租车的日均行驶里程明显高于插电式混合动力车型，宁波和杭州两个城市插电式混合动力出租车和纯电动出租车的日均运营里程较为接近，纯电动和插电式混合动力出租车的运行效率都有待进一步提升（见图 20）。

图 10　相同城市纯电动与插电式混合动力出租车日均行驶里程对比

　　从 2018 年新能源出租车的日均行驶里程区间分布情况来看，目前国内纯电动出租车运营里程主要位于 90~240km 区间，日累计行驶的车天数占比 75.83%，另外，有将近 12% 的累计行驶天数日均行驶里程达到 300km 以上，主要为纯电动 MPV 出租车，该类车型占行驶里程 300km 以上车辆总数的 93.35%；对比插电式混合动力出租车来看，日均运营里程主要位于 90~210km 区间，日累计行驶的车天数占比 97.01%（见图 11）。

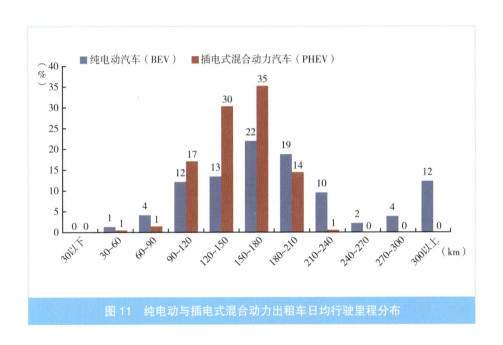

图 11　纯电动与插电式混合动力出租车日均行驶里程分布

三　车辆性能

　　纯电动出租车车型上线运营一年里程降低约 10%。对比分析 2017 年和 2018 年两年同款车型 100%SOC 实际行驶里程的变化情况发现，选取的同款车型的六辆车 2018 年 100%SOC 实际行驶里程皆低于 2017 年水平，较上年实际可行驶里程降低 10% 左右，与工况法标称续航里程 252km 对比，2017 年基本与标称里程保持一致，2018 年出现了 10% 左右的减少（见图 12）。

图12　某款纯电动出租车车型 2017 年与 2018 年行驶里程对比

四　经济性

结合纯电动出租车总质量与百公里电耗的分布情况看，其百公里电耗位于 10~30kWh 区间，纯电动出租车的总质量位于 1 吨至 3 吨区间，纯电动出租车的百公里电耗随着纯电动出租车整车总质量的逐步增加总体呈上升趋势（见图 13）。

对比分析国内不同城市纯电动出租车百公里动力成本来看，其主要百公里动力成本位于 11~16 元区间，运营成本直接受百公里电耗和当地电价两大因素影响。比如同处于西北的银川市和新疆乌鲁木齐市，百公里电耗分别为 24kWh/ 和 27kWh，电耗水平都比较高，但是银川市的纯电动出租车的百公里电力成本明显高于乌鲁木齐市，主要因乌鲁木齐的商业平均电价为 0.41 元 /kWh，而银川的商业平均电价为 0.67 元 /kWh；另外，比如综合电价水平较接近的深圳与银川分别为 0.63 元 /kWh 和 0.67 元 /kWh，但在纯电动出租车的百公里动力成本上，银川也明显高于深圳，这主要是因为深圳市的纯电动出租车百公里电耗为 19kWh，银川较其高出 30.97%（见图 14）。

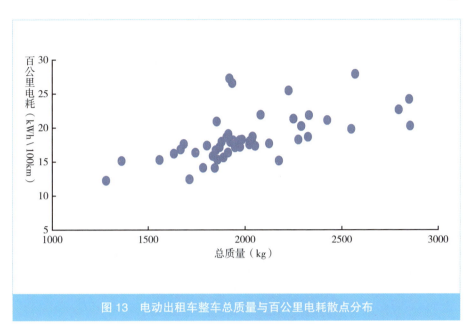

图 13　电动出租车整车总质量与百公里电耗散点分布

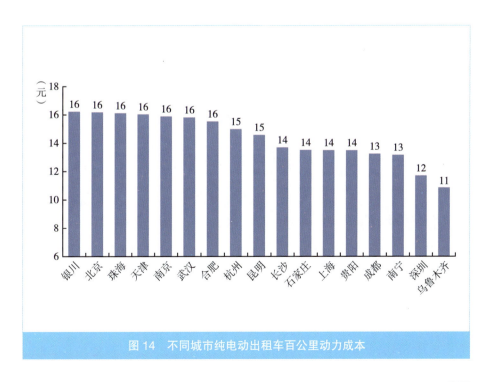

图 14　不同城市纯电动出租车百公里动力成本

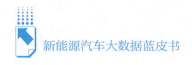

五 安全性

统计分析 2018 年全年纯电动出租车的故障报警情况，目前纯电动出租车一级故障报警占比达 78%，二级故障报警占比达 18%，三级故障报警占比较低（见图 15）。

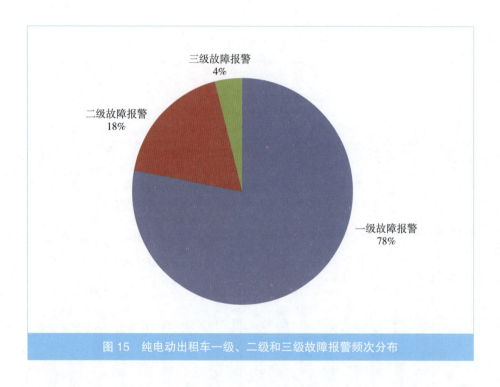

图 15 纯电动出租车一级、二级和三级故障报警频次分布

统计分析 2018 年全年插电式混合动力出租车的故障报警情况，插电式混合动力出租车的二级和三级故障报警占比较高，分别为 55% 和 44%，一级故障报警占比较低（见图 16）。

从纯电动出租车故障排名 TOP10 来看，车载储能装置类型欠压、DC 状态等故障率占比高，TOP10 故障占总故障的 98.66%，其中，车载储能装置类型欠压和 DC 状态故障较为突出，排名前两大故障占总故障的 77.05%，

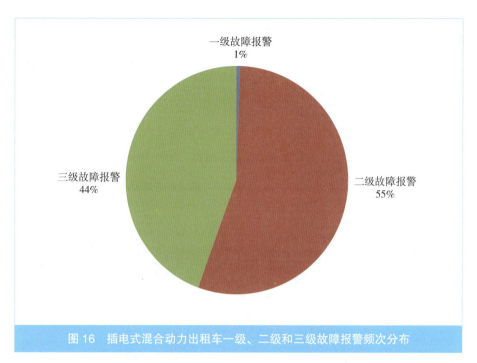

图 16　插电式混合动力出租车一级、二级和三级故障报警频次分布

另外，制动系统故障为十大故障之一，占总故障的 2.91%（见图 17）。从 2018 年针对纯电动乘用车共发起的 8 起召回报告来看，共涉及车辆 130344 辆，其中制动系统问题引起的召回是其主要召回原因之一。出于制动助力真空泵等原因，制动助力真空泵失效，在车辆使用过程中会出现制动助力性能不足，甚至失去制动助力功能，存在安全隐患而被主动召回的占总召回量的 53.21%。

从插电式混合动力出租车故障排名 TOP10 来看，制动系统故障、驱动电机温度、SOC 低、车载储能装置类型过充等故障占比高，TOP10 故障占比 98.85%，其中，制动系统故障突出，占总故障的 29.74%（见图 18）。该问题爆发率高的主要原因或是国内插电式混合动力汽车多采用双模驱动，可以采取纯电动驱动或燃油驱动，但两种驱动模式下的制动原理不同，传统燃油车借助发动机采用真空助力制动，但在纯电动驱动模式下发动机不参与工作缺少真空源，需要增加辅助设备。

图 17　纯电动出租车故障报警排名 TOP10 分布

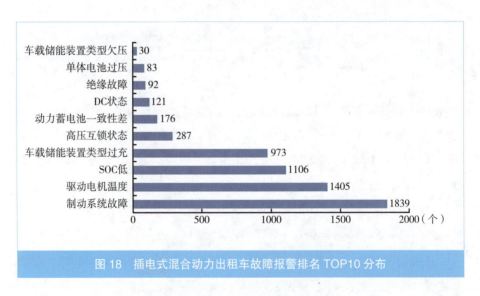

图 18　插电式混合动力出租车故障报警排名 TOP10 分布

　　装配方形和软包电池的纯电动出租车故障集中于 SOC 过高和 SOC 低，圆柱形电池的故障集中于动力蓄电池一致性差。考虑到装配不同外形电池的纯电动出租车上线运营量不同，故采取装配不同外形电池的纯电动出租车进行单独分析发现，方形动力电池装配的纯电动出租车故障集中于 SOC 低和 SOC

过高两方面，合计占比达 89%；软包动力电池装配的纯电动出租车故障也集中于 SOC 方面，其中，SOC 过高故障占比 57%，SOC 低故障占比 34%，合计占比达 91%；圆柱形动力电池装配的纯电动出租车故障主要为动力蓄电池一致性差，该类故障占比达 90%（见图 19）。

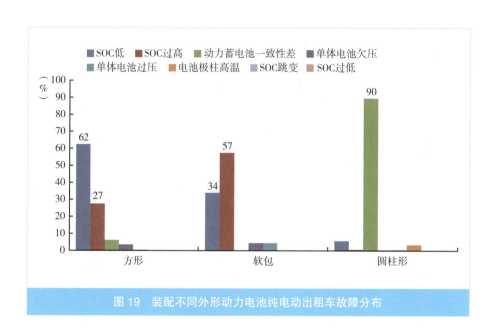

图 19　装配不同外形动力电池纯电动出租车故障分布

六　充电情况

从纯电动出租车年累计充电量城市排名情况来看，深圳、杭州、广州、成都和天津等城市排名居前，考虑到纯电动出租车充电量主要与车辆上线数量、累计行驶里程、充电便利性等密切相关，深圳、杭州、广州和成都是国内纯电动出租车推广排名前四大城市，故累计充电量排名居前四，其中深圳市纯电动出租车年充电量为 3324.70 万度（见图 20）。

从插电式混合动力出租车年累计充电量城市排名情况来看，杭州、哈尔滨、南京、广州和佛山等城市排名居前，考虑到充电量主要与车辆上线数量、

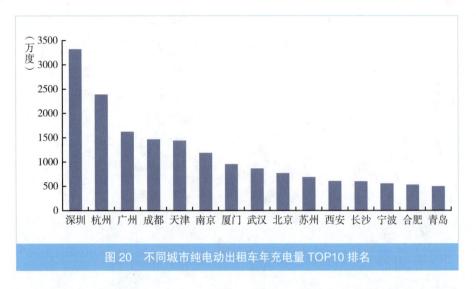

图20　不同城市纯电动出租车年充电量 TOP10 排名

车辆使用率、充电便利性等密切相关，杭州、哈尔滨、南京、广州和佛山等城市是国内插电式混合动力出租车推广排名居前的城市，故累计充电量排名居前，另外，杭州市推广量951辆，为哈尔滨市推广量的1.90倍，而其年充电量达30.71万度，是哈尔滨的2.21倍（见图21），或受到车辆使用率和充电设施便利性等因素影响。

图21　不同城市插电式混合动力出租车年充电量 TOP10 排名

通过统计纯电动出租车与插电式混合动力出租车不同起始 SOC 的充电情况发现，插电式混合动力出租车选择充电开始 SOC 位于 10%~40% 区间的占比 80.37%，剩余 40% 以上 SOC 开始充电占比为 11.78%，反观纯电动出租车充电起始 SOC 的分布，除剩余 SOC 为 0~10% 区间开始充电占比低于 5% 以外，其他各个 SOC 段开始充电占比都处于 5% 及以上，50% 以上 SOC 区间开始充电占比达 46.00%，故纯电动出租车尽管配套电池容量相对较高，纯电动续航里程相对较长，但其仅能以纯电模式驱动，所以随着 SOC 剩余量逐步减少，车主的里程忧虑不断增加，插电式乘用车虽然带电量低，但是其可以采用传统燃油驱动，一般 SOC 剩余较低时，车主才会选择集中补电。

图 22　纯电动和插电式混合动力出租车不同 SOC 区间开始充电分布

结合快慢充方式选择情况来看，插电式混合动力出租车选择慢充占比达 99.63%，而纯电动出租车选择快充和慢充占比分别为 58.98% 和 41.02%，纯电动出租车由于驱动模式单一，且对时间经济性要求较高，车辆主要用于营利，对直流快充的需求相对旺盛；另外，通过计算月均充电次数发现，插电式混合动力出租车月均充电 34 次，纯电动出租车月均充电次数为 24 次（见表 1）。

表 1　纯电动和插电式混合动力出租车快 / 慢充方式选择分布

单位：%，次

出租车燃料类型	快充占比	慢充占比	月均充电次数
插电式混合动力	0.37	99.63	34
纯电动	58.98	41.02	24

　　纯电动出租车低谷时段充电占比 30%，高于插电式出租车。结合一、二线城市的日常作息来看，一般 6 点到 21 点是日常活动较为频繁的时段，22 点至 5 点主要为日常休息时段，部分一线城市峰谷电价时段也按照这两个区间划分。从纯电动和插电式混合动力乘用车的充电时间分布情况来看，白天高峰时段充电占比总体高于晚间低谷时段，纯电动乘用车带电量大，充电时间长，低谷充电经济性明显，22 点至 5 点低谷区间充电占比 30% 左右，插电式出租车带电量小，充电时间短，可选择纯电或燃油驱动双模式，白天高峰时段充电占比较高，22 点至 5 点时段充电占比 17% 左右（见图 23）。

　　由于出租车对充电的时间经济性和充电本身的成本都非常敏感，6:00~

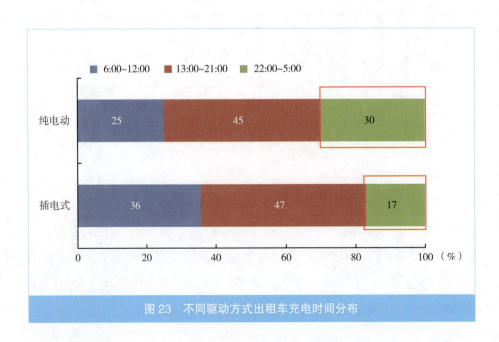

图 23　不同驱动方式出租车充电时间分布

21:00 时间段为出租车辆主要运营时段，22:00~5:00 时段除部分一线城市外，国内多数城市的出租车运营效率都比较低，多为停运休息时段，所以为降低运营时段的充电时间，新能源出租车在 6:00~21:00 时段选择快充方式的比例达 75%，而在 22:00~5:00 时段，由于部分城市实行峰谷电价，具备低谷电价的成本优势，考虑到直流快充需要额外收取充电服务费，故新能源出租车在夜间选择慢充方式的占比明显提升至 40%（见图 24）。

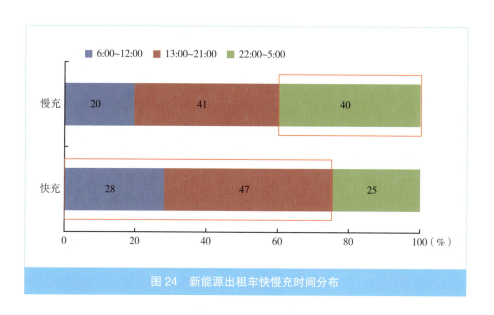

图 24　新能源出租车快慢充时间分布

七　节能减排

从全国七个大区 2018 年新能源出租车的节能减排情况统计分析来看，其减排量与新能源运营车辆及运营里程有密切关系，华南和华东区推广运营出租车车辆相对较多，全年累计减排量分别为 15.01 万吨和 13.23 万吨，华北、西南、华中、西北和东北各区全年的减排量分别为 4.31 万吨、3.52 万吨、2.80 万吨、1.54 万吨和 0.39 万吨（见图 25）。

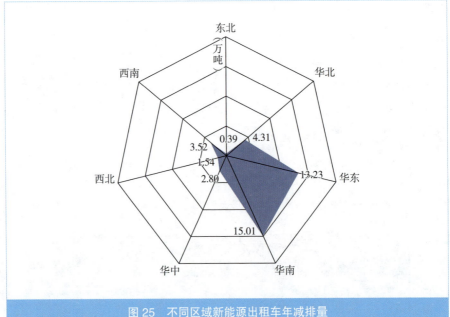

图 25　不同区域新能源出租车年减排量

考虑样本量充足性、数据的连续性等因素，通过筛选月上线车辆超过100辆纯电动出租车的典型城市，分析各典型城市的纯电动出租车年节能减排情况发现，深圳的纯电动出租车日均行驶里程相对较长，使用率较高，其年累计减排量可达到20.3吨/车，而云南玉溪也积极推广了纯电动出租车，但使用效率相对较低，其年累计减排量为2.6吨/车（见图26）。

八　小结与建议

新能源出租车的产品认可度逐步提高，减排效果日趋显现。结合国内核心经济圈，一、二线城市以及省会城市新能源出租车的推广情况，以及纯电动出租车的工况续航里程指标的提升，加之，典型城市纯电动出租车节能减排的显著效果，未来出租车领域绿色电动化趋势将会逐步加剧。

新能源出租车的综合使用效率仍待提升。结合典型城市2018年的插电式混合动力和纯电动出租车的日均行驶里程、年节能减排情况等指标，运行效

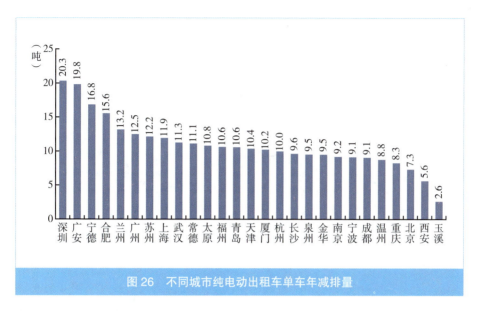

图 26 不同城市纯电动出租车单车年减排量

率都有待进一步提升，节能减排的效果仍有较大提升空间。

　　新能源出租车的产品质量仍待提高。首先，分析了纯电动出租车 2018 年较 2017 年行驶里程衰减情况；其次，通过对故障报警核心问题，以及 2018 年新能源汽车故障召回等问题的综合考虑，结果表明目前国内新能源出租车产品质量仍待进一步提升。

B.4
2019年新能源租赁乘用车运行大数据研究报告

王同辉 严滢[*]

摘　要：本文基于新能源汽车国家监测与管理平台2018年1月至2018年12月新能源租赁乘用车的相关运行数据，重点围绕纯电动租赁乘用车，同时兼顾插电式混合动力租赁乘用车的特点，通过工况里程分布、日均行驶里程、充电起始SOC、充电次数和故障报警核心问题等指标对比分析发现，目前纯电动租赁乘用车的里程衰减较低，车辆综合使用效率介于新能源出租车和新能源私家乘用车之间。

关键词：新能源租赁乘用车　续航里程衰减　充电分布　故障分布

一　总体概况

纯电动租赁乘用车中A00、A0和A级车型合计占比约89%，插电式混合动力租赁乘用车中A级和B级车型合计占比约93%。目前新能源租赁乘用车中纯电动和插电式混合动力车型占比分别为93.65%和6.35%，其中，纯电动私家乘用车以A00级、A0级和A级为主，占比分别为35.34%、28.58%和25.43%，插电式混合动力租赁乘用车以A级和B级为主，占比分别为46.44%和46.24%（见图1）。

* 王同辉，本科，工程师，中汽中心新能源汽车技术服务中心项目总监；严滢，本科，新能源汽车国家大数据联盟。

图 1　新能源租赁乘用车各细分车型占比

纯电动租赁乘用车的工况续航里程主要位于 100~200 公里区间。目前新能源租赁乘用车中纯电动租赁乘用车工况下续航里程 100 公里以上车型占比 99.98%，其中，100~200 公里（含 200 公里）区间车型占比 65.17%，300~400 公里（含 400 公里）区间车型占比 17.77%，200~300 公里（含 200 公里）区间车型占比 15.93%（见图 2）。目前纯电动乘用车租赁产业仍属于重资产行业，购买价格是运营重要因素，因此投入租赁用的纯电动乘用车多为价格相对较低的短续驶里程车辆。

截至 2018 年 12 月底，国内累计推广运行新能源租赁乘用车 251490 辆，以纯电动租赁乘用车为主，分别集中于华东、华北、华南、西南和华中地区，五个区域推广数量占全国新能源租赁乘用车总推广应用量的 97.76%，插电式混合动力租赁乘用车主要推广集中区域为华东和华南，两大区域推广数量占全国新能源租赁乘用车总推广应用量的 91.72%（见图 3），华东地区以上海和杭州为主，华南地区以广州和深圳为主，由于受限牌和摇号等因素影响，且部分城市政府要求租赁运营单位新增或替换乘用车需要配备一定比例的新能源乘用车，故租赁运营领域加大了新能源乘用车的推广应用。

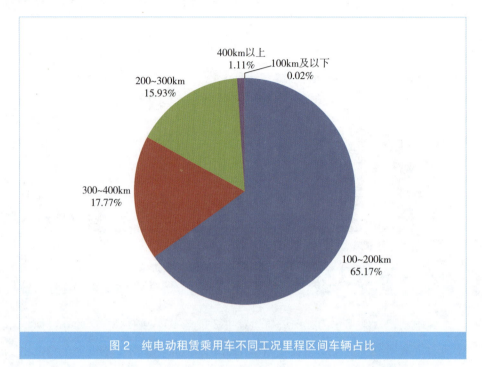

图 2　纯电动租赁乘用车不同工况里程区间车辆占比

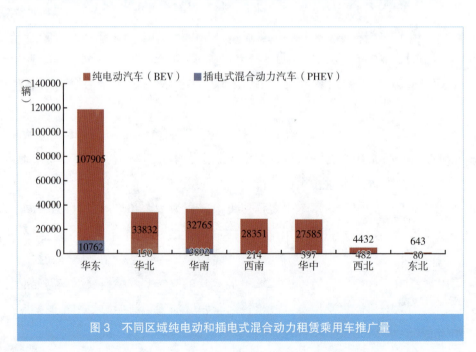

图 3　不同区域纯电动和插电式混合动力租赁乘用车推广量

青岛、杭州和广州等全国前十大城市纯电动租赁乘用车推广运营量约占全国 56%。从全国纯电动租赁乘用车推广应用情况来看，青岛、杭州和广州等 TOP10 城市共计推广了 130847 辆纯电动租赁乘用车，约占全国总量的 56%（见图 4）。

上海、杭州和广州等全国前十大城市插电式混合动力租赁乘用车推广运营量约占全国 94%。插电式混合动力租赁乘用车推广代表性城市为上海、杭州和广州，上海、杭州和广州等推广量全国 TOP10 城市共推广 14971 辆插电式混合动力租赁乘用车，约占全国总量的 94%（见图 5）。

纯电动租赁乘用车上线率平均约 84%。通过对比 2018 年纯电动租赁乘用车上线运营车辆与累计录入车辆情况发现，全国纯电动租赁乘用车上线率约为 84%，结合国内纯电动租赁乘用车运营推广前十名城市的上线率情况，纯电动租赁乘用车的上线率皆处于 70% 以上（见图 6）。

插电式混合动力乘用车上线率平均约 90%。通过对比 2018 年插电式混合动力租赁乘用车上线运营车辆与累计录入车辆情况可以发现，全国插电式混

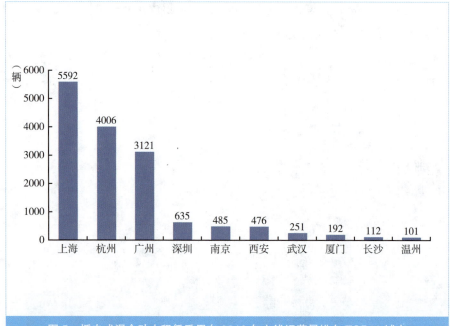

图 5　插电式混合动力租赁乘用车 2018 年上线运营量排名 TOP10 城市

图 6　纯电动租赁乘用车上线率排名 TOP10 城市

合动力租赁乘用车上线率约为 90%，结合国内插电式混合动力租赁乘用车运营推广前十名城市的上线率情况，插电式混合动力租赁乘用车上线率皆处于 75% 以上（见图 7）。

图 7　插电式混合动力租赁乘用车上线率排名 TOP10 城市

纯电动租赁乘用车前十大城市日均行驶里程处于 75 公里以上。 选择纯电动租赁乘用车上线车辆数 2000 辆及以上，2018 年连续十二个月日均行驶里程数据齐全的城市进行对比分析，排名前十的城市纯电动租赁乘用车日均行驶里程为 75 公里以上，其中，深圳市纯电动租赁乘用车日均行驶里程最长约为 260 公里（见图 8）。

考虑到样本量充足性、数据的连续性等因素，筛选插电式混合动力租赁乘用车上线车辆 50 辆及以上，2018 年连续十二个月插电式混合动力租赁乘用车日均行驶里程数据齐全的城市进行对比分析，排名前十的城市插电式混合动力租赁乘用车日均行驶里程为 120 公里以上，由于插电式混合动力乘用车的日常使用对充电设施的便利性要求相对较低，车主的里程顾虑相对较弱，故在不同城市其日均行驶里程差距相对于纯电动租赁乘用车小（见图 9）。

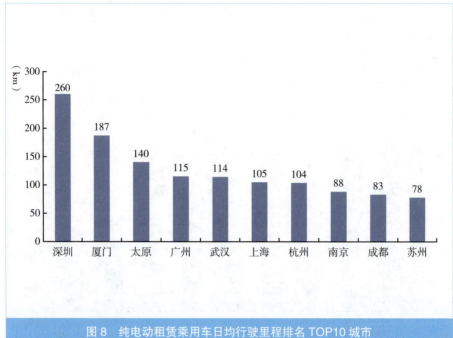

图 8　纯电动租赁乘用车日均行驶里程排名 TOP10 城市

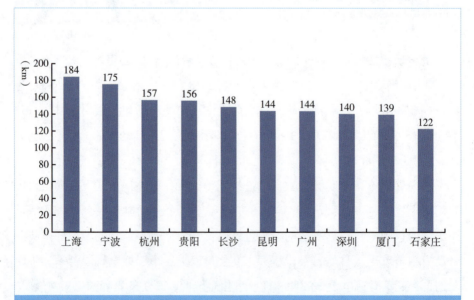

图 9　插电式混合动力租赁乘用车日均行驶里程排名 TOP10 城市

二 运营效率

插电式混合动力租赁乘用车日行驶里程较纯电动高。近年来，自驾游的盛行给国内汽车租赁行业注入了一股新动力，受到摇号、限行等因素影响，而部分城市放开插电式混合动力摇号，神州、一嗨等传统租车企业纷纷引入新能源车型；选择 2018 年连续十二个月纯电动和插电式混合动力租赁乘用车日均行驶里程数据齐全的十个城市进行对比分析，2018 年插电式混合动力租赁乘用车十个城市的日均行驶里程位于 96~184 公里区间，十个城市的纯电动租赁乘用车日均行驶里程处于 43~115 公里区间（见图 10）。伴随着移动互联网的快速发展，国内分时租赁、月租、团租等共享汽车行业发展迅速，在政府的大力鼓励下，多家新能源汽车租车平台成长起来，通过移动互联网终端宣传、导流、揽客，提升车辆使用频率。结合目前国内租赁用车情况来看，部分是用于自驾游出行、部分是用于日常城市代步，租赁乘用车与节假日和旅游季紧密关联，多为远郊、城际等，日行驶里程相对较远，其相对于新能源

图 10 不同城市纯电动与插电式混合动力租赁乘用车日均行驶里程对比

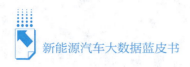

私家乘用车的核心服务于城市上下班代步日运营效率有了较大提升。

纯电动租赁乘用车日均行驶里程集中于90km以下区间，插电式混合动力租赁乘用车日均行驶里程集中于120~240km区间。从2018年新能源租赁乘用车日均行驶里程区间分布情况来看，目前国内纯电动租赁乘用车日均行驶里程主要位于90km以内，日均行驶里程合计占比约71.20%，其中，30km以下、30~60km和60~90km里程区间，日均行驶里程占比分别为11.43%、42.43%和17.34%；对比插电式混合动力租赁乘用车来看，日均运营里程主要位于120~240km区间以内，日均行驶里程合计占比为81.46%，其中120~150km、150~180km、180~210km和210~240km区间占比较高，分别为14.04%、27.88%、24.37%和15.16%（见图11）。

图11　纯电动与插电式混合动力租赁乘用车日均行驶里程区间分布

三　车辆性能

纯电动租赁乘用车型上线一年里程衰减约5%。对比分析六款纯电动租赁乘用车车型，涉及样本 303 辆，对比分析 2017 年、2018 年和标称工况 100%SOC 续驶里程的变化情况发现，2018 年实际行驶里程低于 2017 年水平，较上年实际可行驶里程降低 5% 左右，与对应车型的标称工况续驶里程对比，2017 年的日续驶里程相对于标称里程略有优势，2018 年出现 1.8% 左右的衰减（见图 12）。

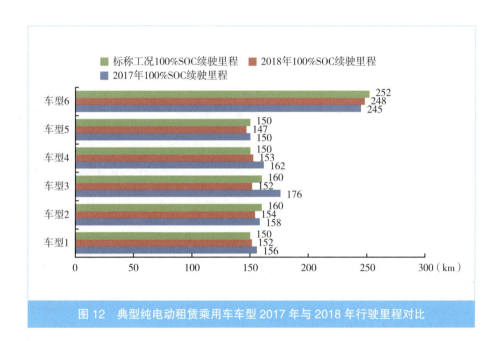

图 12　典型纯电动租赁乘用车车型 2017 年与 2018 年行驶里程对比

四　经济性

根据纯电动租赁乘用车总质量与其百公里电耗的散点分布图来看，电动租赁乘用车百公里电耗位于 10kWh~30kWh 区间，纯电动租赁乘用车总质量位于 0.93~3.1 吨区间内，纯电动租赁乘用车的百公里电耗随着纯电动租赁乘用车的整车总质量的逐步增加总体呈上升趋势，两者呈现正相关关系（见图 13）。

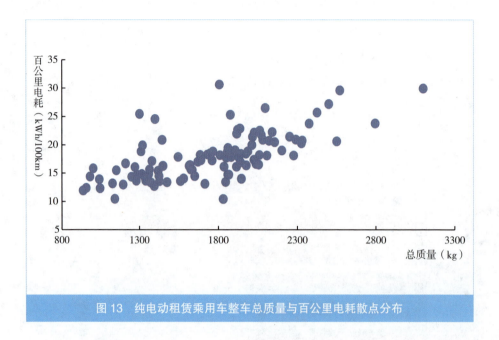

图13　纯电动租赁乘用车整车总质量与百公里电耗散点分布

通过分析国内典型城市纯电动租赁乘用车百公里动力成本来看，纯电动租赁乘用车百公里动力成本位于10~18元区间，运营成本直接受单车百公里电耗和当地电价两大因素影响。对比分析十五座城市的纯电动租赁乘用车的百公里电耗处于13kWh~19kWh区间，各城市的电价水平处于0.7~0.95元/kWh区间，贵阳、昆明等地属于百公里电耗和电力成本都较低的城市，故百公里动力成本也比较低，约为11元（见图14）。

五　安全性

统计分析2018年全年纯电动租赁乘用车的故障报警情况发现，纯电动租赁乘用车一级故障报警占比达66%，二级故障报警占比31%，三级故障报警占比3%（见图15）。

统计分析2018年全年插电式混合动力租赁乘用车的故障报警情况发现，

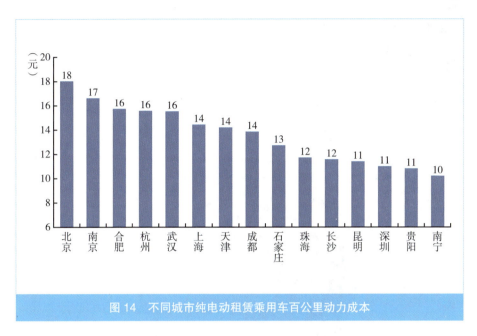

图 14　不同城市纯电动租赁乘用车百公里动力成本

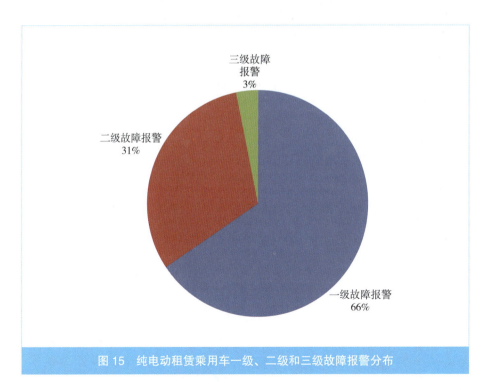

图 15　纯电动租赁乘用车一级、二级和三级故障报警分布

插电式混合动力租赁乘用车一级故障报警占比43%，二级故障报警占比52%，三级故障报警占比5%（见图16）。

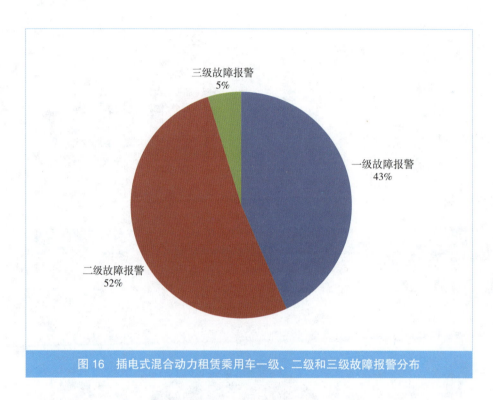

图16　插电式混合动力租赁乘用车一级、二级和三级故障报警分布

从纯电动租赁乘用车故障排名TOP10来看，DC温度、DC状态、制动系统等故障占比高，TOP10故障占比92.95%，DC温度和DC状态类的DC故障处于故障排名前两位，合计占比55.15%（见图17）。

从插电式混合动力租赁乘用车故障排名TOP10来看，SOC跳变、制动系统故障、SOC低等故障占比高，TOP10故障占比97.74%，其中，SOC跳变、制动系统和SOC低三个故障突出，占总故障比分别为35.21%、26.66%和24.35%（见图18）。涉及制动性故障占比比较高，该类故障爆发率高的主要原因或是国内插电式混合动力汽车多采用双模驱动，可以采取纯电动驱动或采用燃油驱动，但两种驱动模式下的制动原理不同，传统燃油车借助发动机采用真空助力制动，但在纯电动驱动模式下发动机不参与工作，缺少真空源，

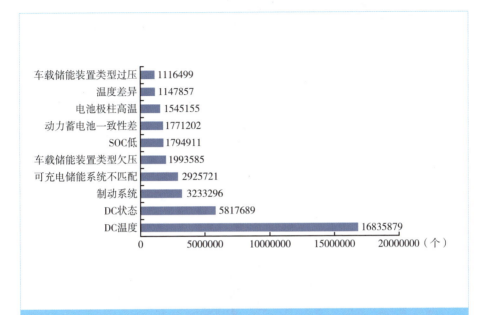

图 17　纯电动租赁乘用车故障报警频次 TOP10

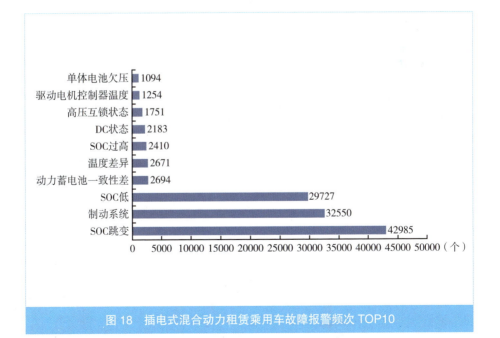

图 18　插电式混合动力租赁乘用车故障报警频次 TOP10

需要增加辅助设备。

考虑到不同电池外形装配的纯电动租赁乘用车上线运营量不同，故对不同电池外形装配的纯电动租赁乘用车进行单独分析，其中方形动力电池装配的纯电动租赁乘用车故障集中于 SOC 低和单体电池欠压两方面，占该类车型总故障的 78%；软包动力电池装配的纯电动租赁乘用车故障主要集中于动力蓄电池一致性差和 SOC 低两方面，其中，动力蓄电池一致性差占该类车型总故障的 52%，SOC 低故障占比 23%，合计占该类车型总故障的 75%；圆柱形动力电池装配的纯电动租赁乘用车故障主要为电池极柱高温和 SOC 低，两类故障合计占该类车型总故障的 62%（见图 19）。

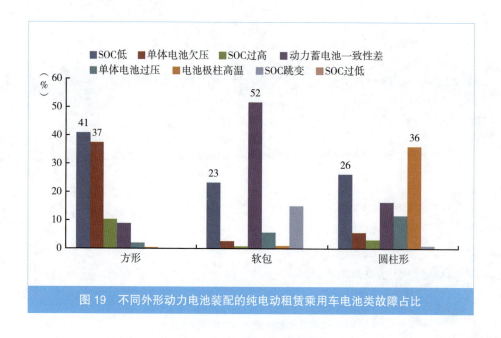

图 19　不同外形动力电池装配的纯电动租赁乘用车电池类故障占比

六　充电情况

从纯电动租赁乘用车年累计充电量城市排名情况来看，广州、厦门、深圳、武汉和北京等城市排名居前，考虑到纯电动租赁乘用车充电量主要与车辆上线数量、累计行驶里程、充电便利性等密切相关，纯电动租赁乘用车充电量排名前十的城市共计充电量为 1.39 亿度，占全国总充电量的 63.65%（见图 20）。

图 20　纯电动租赁乘用车年累计充电量

从插电式混合动力租赁乘用车年累计充电量城市排名情况来看，杭州、上海和广州等城市排名居前，考虑到充电量主要与车辆上线数量、车辆纯电驱动采用率、充电便利性等密切相关，杭州、上海和广州是国内插电式混合动力租赁乘用车推广排名居前三的城市，故累计充电量排名居前，年充电量分别为 115 万度、93 万度和 78 万度，前十的城市年累计充电量 339 万度，占全国总充电量的 93.08%（见图 21）。

统计纯电动租赁乘用车与插电式混合动力租赁乘用车不同 SOC 区间年累计充电次数发现，插电式混合动力租赁乘用车选择 30%SOC 以下区间开始充电累计占比为 91%，其中，位于 10%~20%SOC 区间开始充电占比 69%，位于 0~10%SOC 开始充电占比为 13%，位于 20%~30%SOC 开始充电占比 9%；反观纯电动租赁乘用车，除 0~10%SOC 区间开始充电占比低于 5% 以外，其他

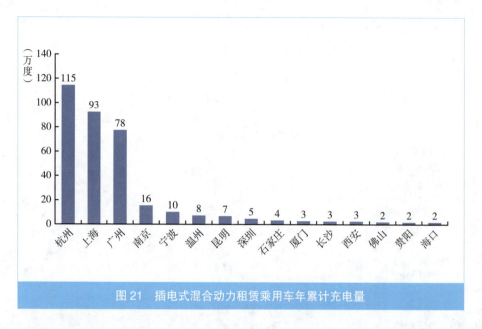

图 21　插电式混合动力租赁乘用车年累计充电量

各个 SOC 区间开始充电占比都处于 8% 及以上，剩余 50% 以上 SOC 区间开始充电占比达 54%（见图 22）。

图 22　新能源租赁乘用车不同 SOC 区间开始充电分布

结合快慢充方式选择情况来看，插电式混合动力租赁乘用车选择慢充占比达 98.05%，而纯电动租赁乘用车选择快充和慢充占比分别为 45.05% 和 54.95%，纯电动租赁乘用车由于驱动模式单一，且其对时间经济性要求也比较高，租赁公司考虑到营利因素，对直流快充的需求相对旺盛；另外，通过计算月均充电次数发现，插电式混合动力租赁乘用车月均充电 58 次，纯电动租赁乘用车月均充电次数为 16 次（见表 1）。

表 1　新能源租赁乘用车快 / 慢充方式选择分布

单位：%，次

出租车燃料类型	快充占比	慢充占比	月均充电次数
插电式混合动力	1.95	98.05	58
纯电动	45.05	54.95	16

新能源租赁乘用车相对集中的充电时间为早 8 点到夜间零点之间，该时段区间是日常活动相对较为频繁的时段，该区段充电占比约 82.22%（见图 23）。夜间 2 点至 6 点充电较少，究其原因，租赁乘用车主要应用在日间通勤等情况，目前主要是以定点还车、运营方统一充电的方式进行运营，为保证用户取车时有足够电量，日间运行结束即补电的情况较为普遍。

七　节能减排

根据全国七个大区 2018 年节能减排量情况统计来看，减排量与新能源运营车辆及运营里程密切相关，华东和华南区推广运营租赁乘用车相对较多，全年累计减排量分别为 20.83 万吨和 12.36 万吨，华北、华中、西南、西北和东北各区全年的减排量分别为 3.82 万吨、3.75 万吨、3.42 万吨、0.66 万吨和 0.09 万吨（见图 24）。

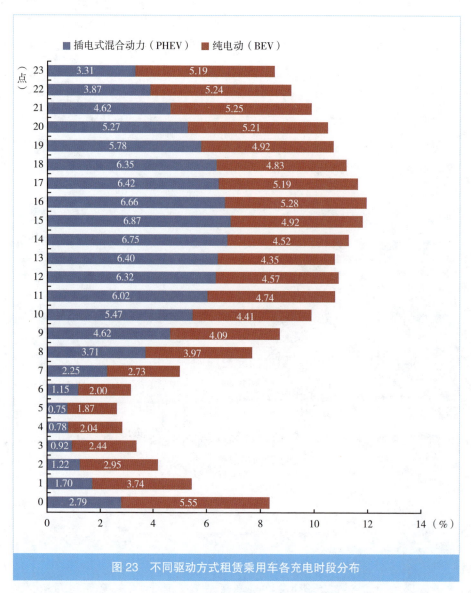

图23　不同驱动方式租赁乘用车各充电时段分布

考虑样本量充足性、数据的连续性等因素，通过筛选月上线车辆超过1000辆纯电动租赁乘用车的城市，分析各城市的纯电动出租车年节能减排情况可以发现，2018年国内纯电动租赁乘用车年均减排量3.97吨，深圳的纯电动租赁乘用车日均行驶里程较长，单车的运行效率相对较高，年均减排量13.94吨，而

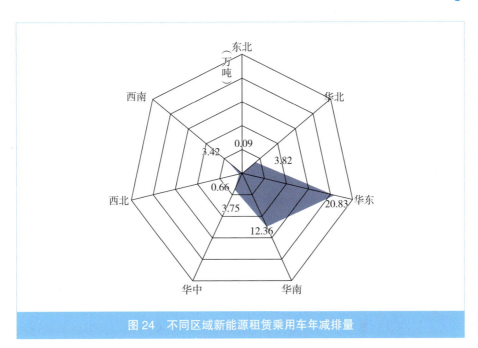

图 24　不同区域新能源租赁乘用车年减排量

南通、湖州等地也积极推广了纯电动租赁乘用车，但目前使用效率相对较低，其年累计减排效果分别为 0.89 吨和 0.77 吨（见图 25）。

图 25　典型城市纯电动租赁乘用车单车年减排量

八 小结与建议

纯电动租赁乘用车续航里程衰减率相对较低。通过分析纯电动租赁乘用车典型车型连续两年较标称工况续驶里程衰减率，以及对比纯电动出租车的衰减情况发现，纯电动租赁乘用车的里程衰减相对较低，但由于纯电动租赁乘用车的工况里程普遍较短，即使5%左右的里程衰减反映到用户使用上也较为明显。

新能源租赁乘用车使用效率介于出租车和私家车之间，但部分城市运营效率有待进一步提升。通过将新能源租赁乘用车的日行驶里程、区间分布、单车年减排量等，与出租车和私家车进行对比分析可以发现，新能源租赁乘用车使用效率低于出租车，但高于私家车，不过部分城市也存在使用效率较低的现象，比如青岛市为纯电动租赁乘用车推广量最高的城市，但是从日行驶里程和单车年节能减排量指标来看，都存在较大提升空间。

B.5

2019 年新能源公交客车运行
大数据研究报告

滕欣余　张　钰[*]

摘　要：　本文基于新能源汽车国家监测与管理平台 2018 年 1 月至 2018 年
　　　　　12 月新能源公交车的相关运行数据，通过分析我国新能源公交
　　　　　车的录入情况，上线情况，日均行驶里程、百公里耗电量等整车
　　　　　运行情况，充电起始 SOC 分布、充电时长、充电次数等使用情况
　　　　　等，分析我国新能源公交车的整车运行状态、客户使用习惯以及
　　　　　故障情况等，并计算出新能源公交车的节能减排效果情况。

关键词：　新能源公交车　运行特征　使用习惯　故障　减排

一　公交客车总体情况分析

（一）平台录入数据

**华东地区新能源公交车录入量最多，各区域纯电动公交车录入量占比超
75%。**如图 1 所示，2018 年全国新能源公交车累计录入 124942 辆，其中纯电
动公交车 110124 辆，占比 88.14%；插电式混合动力公交车 14818 辆，占比
11.86%，可见在城市公交车领域，运营单位更青睐于纯电动客车。从区域分
布来看，华东地区 2018 年新录入新能源公交车数量最多，达到 43300 辆，占
全国总量的 34.66%。华中、华南地区推广纯电动公交车的力度最大，新录入
的新能源车辆中纯电动公交车占比均超 97%；而相比其他区域，西南地区新

---

　*　滕欣余，硕士，中汽中心新能源汽车技术服务中心技术经理；张钰，博士，北京理工大学
管理与经济学院。

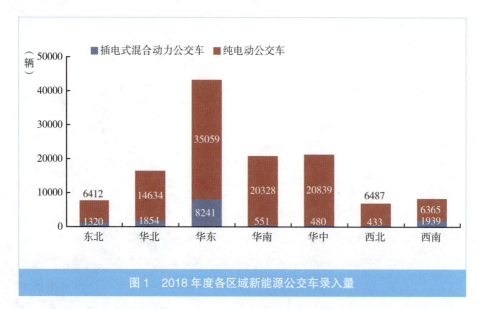

图1　2018年度各区域新能源公交车录入量

录入纯电动公交车占新能源公交车录入比例最低，仅有76.65%。

车长 > 10m 的新能源公交车占比最大，为53.90%，8m < 车长 ≤ 10m 的新能源公交车次之，为34.14%。如图2所示，在2018年新录入的110124辆纯电动公交车中，车长 > 10m 的纯电动公交车共计55596辆，占比50.48%；8m < 车长 ≤ 10m 的纯电动公交车共计40250辆，占比36.55%；6m < 车长 ≤ 8m 的纯电动公交车共计14278辆，占比12.97%。在14818辆新录入的插电式混合动力公交车中，车长 > 10m 的插电式公交车共计11752辆，占比79.31%；8m < 车长 ≤ 10m 的插电式公交车共计2411辆，占比16.27%；而6m < 车长 ≤ 8m 的插电式公交车仅有655辆，仅占比4.42%。

纯电动公交车中搭载磷酸铁锂电池的车辆占比最高，插电式混合动力公交车中搭载锰酸锂电池的车辆占比最高。如图3所示，在2018年新录入的纯电动公交车中，共有99125辆搭载磷酸铁锂电池，占比90.01%，占据了绝对优势，而搭载钛酸锂电池的车辆仅占比5.97%，搭载锰酸锂电池的车辆仅占比3.33%，可见磷酸铁锂电池是纯电动公交车普遍使用的电池类型；在新录入的插电式混合动力公交车中，搭载锰酸锂电池的车辆数量最多，为10528辆，

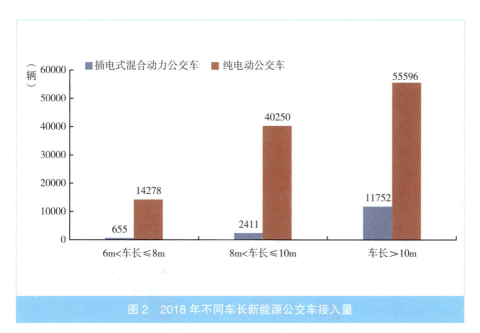

图 2　2018 年不同车长新能源公交车接入量

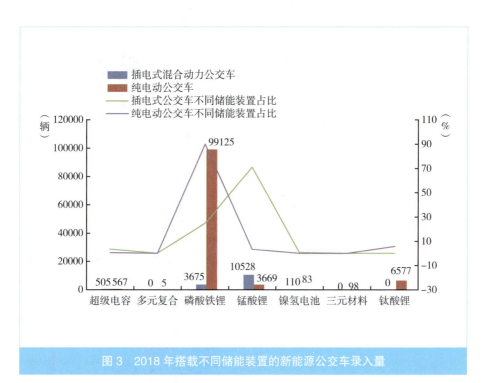

图 3　2018 年搭载不同储能装置的新能源公交车录入量

占比 71.05%，其次是搭载磷酸铁锂电池的车辆，占比 24.80%。

纯电动公交车中搭载方形电池的车辆占比最高，插电式混合动力公交车中搭载软包电池的车辆占比最高。如图 4 所示，纯电动公交车搭载不同类型的电池排序从高到低依次为方形电池 78.57%、圆柱形电池 14.61%、软包电池 6.81%；插电式混合动力公交车搭载不同类型的电池排序从高到低依次为软包电池 70.99%、方形电池 19.02%、圆柱形电池 9.99%。

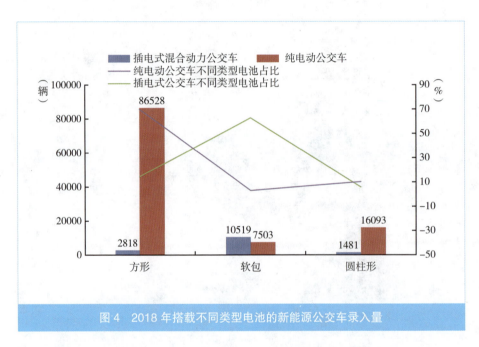

图 4　2018 年搭载不同类型电池的新能源公交车录入量

广州市纯电动公交车录入量排名第一，济南市插电式混合动力公交车录入量排名第一。如图 5、图 6 所示，在 2018 年各城市新能源客车录入量排名中，北京市、上海市、福州市同时进入纯电动公交车排名 TOP10 城市和插电式混合动力公交车排名 TOP10 城市，可见三个城市对大力推广新能源公交车的决心与力度。

（二）上线车辆数

新能源公交车上线车辆数大幅提升，相较 2017 年增长 110%。2018 年，

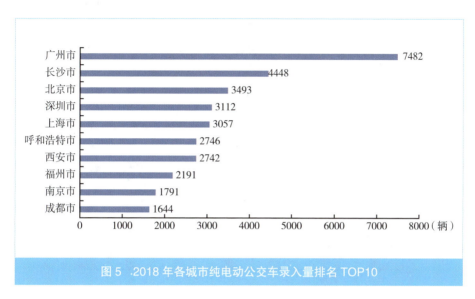

图 5　.2018 年各城市纯电动公交车录入量排名 TOP10

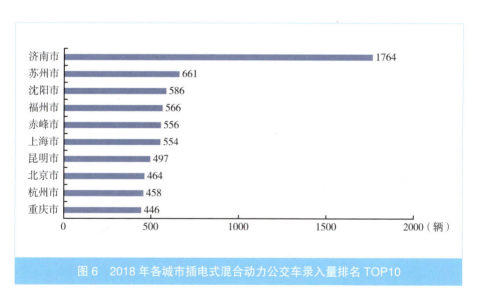

图 6　2018 年各城市插电式混合动力公交车录入量排名 TOP10

全国新能源公交车上线车辆数总计 147915 辆，其中，纯电动公交车上线车辆数为 126883 辆，占比 85.78%，插电式混合动力公交车上线车辆数为 21032 辆，占比 14.22%。如图 7 所示，在各区域 2018 年上线车辆数比较中，华东地区纯电动公交车和插电式混合动力公交车上线车辆数均排名第

一，分别为 39391 辆和 11229 辆。各区域车辆上线数相较 2017 年均有所提升，其中，西北地区纯电动公交车增长率最高，达 211.97%，华南地区次之，为 198.40%；华东地区插电式混合动力公交车同比增长率最高，为 83.99%，由此可见我国新能源公交车规模与应用正处于快速发展阶段。

广州市纯电动公交车上线车辆数排名第一，济南市插电式混合动力公交车上线车辆数排名第一。如图 8、图 9 所示，同 2018 年度平台录入量排名相同，北京市、上海市、福州市的上线车辆数同时进入纯电动公交车排名 TOP10 城市和插电式混合动力公交车排名 TOP10 城市。

二　整车运行特征

整车运行特征的分析对全面了解新能源公交车具有至关重要的作用，本小节主要从日均行驶里程、日均行驶时长两个方面展开论述。

图 8　2018 年各城市纯电动公交车上线车辆数排名 TOP10

图 9　2018 年各城市插电式混合动力公交车上线车辆数排名 TOP10

（一）日均行驶里程

纯电动公交车日均行驶里程（k）分布于 90km ＜ k ≤ 180km 的城市占比超 76%，插电式混合动力公交车日均行驶里程分布于 90km ＜ k ≤ 210km 的

城市占比超 75%。图 10 的曲线表明了新能源公交车日均行驶里程在各里程区间的占比情况，从中可以看出，纯电动公交车日均行驶里程分布区间集中于 90km < k ≤ 180km，且 120km < k ≤ 150km 区间占比为 31.37%，150km < k ≤ 180km 区间占比为 23.36%，90km < k ≤ 120km 区间占比为 21.30%；而插电式混合动力公交车日均行驶里程分布区间集中于 90km < k ≤ 210km，其中 150km < k ≤ 180km 区间占比最高，为 24.14%，其次为 120km < k ≤ 150km，区间占比 22.99%，180km < k ≤ 210km 的区间占比为 17.84%。

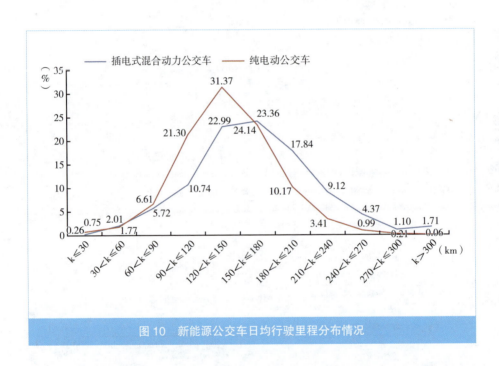

图 10　新能源公交车日均行驶里程分布情况

　　插电式混合动力公交车日均行驶里程高于纯电动公交车。从图 11 中可以看出，各月份插电式混合动力公交车日均行驶里程均高于纯电动公交车，但由于纯电动公交车日均行驶里程的逐月增加（2 月受春节假期因素影响不考虑），呈现逐步向插电式混合动力公交车靠近的趋势。从图 12 可知，相较于 2017 年平均值，2018 年纯电动公交车日均行驶里程增长 33.01%，插电式混合动力公交车日均行驶里程增长 22.18%。综上，可见我国新能源公交车在运营线路上的使用强度越来越大，更近一步趋近于燃油公交车，表明运营单位对新能源公交车的信心和信任度越来越强。

图 11　新能源公交车各月份日均行驶里程

图 12　新能源公交车 2017 年与 2018 年日均行驶里程对比

117

（二）日均行驶时长

插电式混合动力公交车日均行驶时长为 9.42h，纯电动公交车日均行驶时长为 8.36h。从图 13 可知，各月份插电式混合动力公交车日均行驶时长均高于纯电动公交车 0.5~2h。在 2 月时，新能源公交车日均行驶时长跌至全年最低，原因可能与春节年假有关。从图 14 可知，与 2017 年相比，2018 年新能源公交车日均行驶时长大幅度提升，其中，纯电动公交车增长 69.23%，插电式混合动力公交车增长 60.75%。

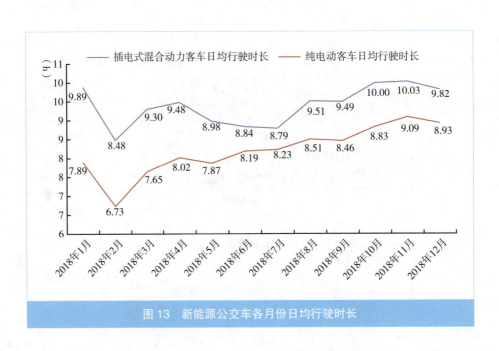

图 13　新能源公交车各月份日均行驶时长

三　经济性分析

纯电动公交车百公里耗电量是分析整车运营特征的重要指标，也是分析其经济性的重要手段。本小节分别从区域、季节、总质量等影响因素分析纯电动公交车的百公里耗电量，并选择沈阳市、北京市、武汉市、上海市、广

图 14　新能源公交车 2017 年与 2018 年日均行驶时长对比

州市、成都市六个典型城市进行初步的每公里动力成本分析，为相关研究提供参考值。

（一）不同区域纯电动公交车百公里耗电量

华南地区纯电动公交车百公里耗电量最高，西北地区纯电动公交车百公里耗电量最低。从图 15 可知，各区域纯电动公交车百公里耗电量均超过 50kWh，其中华南地区达 58.79kWh，其次为华东地区 57.49kWh 和华中地区 56.59kWh。

冬夏两季纯电动公交车百公里耗电量普遍较高。从图 16 可知，随着月份的变化，各区域纯电动公交车百公里耗电量明显存在随季节波动的情况，冬夏两季空调负荷较大，导致车辆耗电量较高。华南、华东和华中是我国夏季 7 月气温较高地区，因而公交车百公里耗电量相对高于其他地区，在 66 kWh 左右，而西北地区夏季 7 月气候较凉爽，公交车百公里电耗较低，仅有 51.78 kWh；而在冬季 12 月，东北地区气温最低，电池性能受到一定影响的同时还要加大空调暖风的负载，因而冬季东北地区车辆百公里耗电量最大，为 66.17 kWh，而华南地区冬季 12 月气温相对缓和，与其他区域相比，百公里耗电量最低，为 57.81 kWh。

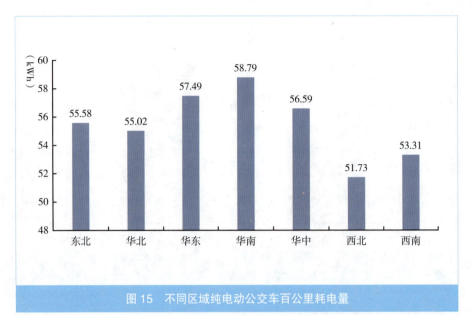

图 15 不同区域纯电动公交车百公里耗电量

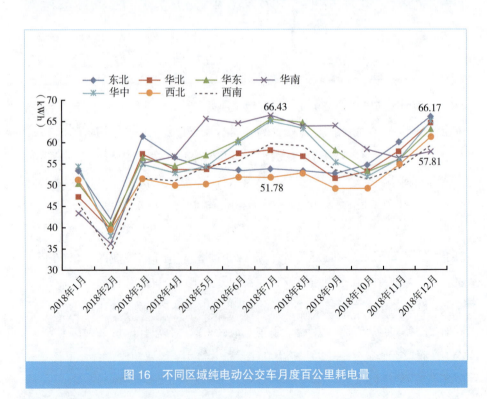

图 16 不同区域纯电动公交车月度百公里耗电量

（二）不同质量纯电动公交车百公里耗电量

纯电动公交百公里耗电量与整车总质量呈正相关。 从图 17 可知，区分不同纯电动公交车整车总质量，其百公里耗电量呈现较大的梯次变化，相关度非常高。当整车总质量 > 18 吨时，公交车百公里耗电量达到了 93.35 kWh，而整车总质量 ≤ 6 吨时，公交车百公里耗电量仅有 29.51 kWh，差异十分明显。图 18 的对比数据表明，2018 年不同总质量的纯电动公交车百公里耗电量相较于 2017 年均有所下降，10 吨 < 总质量 ≤ 14 吨的纯电动公交车能耗减少率高达 16.97%。究其原因，除了电池性能及整车布局优化提升外，驾驶员操作习惯的改善也占有一定的原因。

（三）典型城市纯电动公交车使用经济性初探

城市商业（非居民）用电价格对纯电动公交车使用经济性影响较大。 从图 19 分析可知，广州市纯电动公交车百公里耗电量在所选典型城市中最高，达到 74.92 kWh，而由于广州市商业（非居民）电价相对较低，仅有 0.68 元，因而利用公式计算后，纯电动公交车每公里动力成本为 0.51 元，低于商业

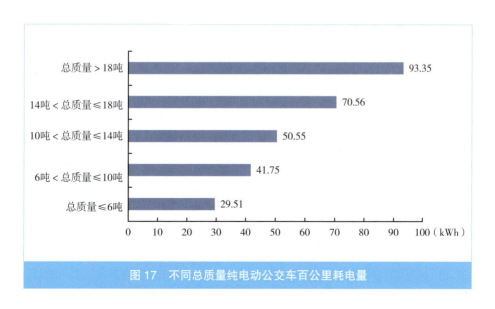

图 17 不同总质量纯电动公交车百公里耗电量

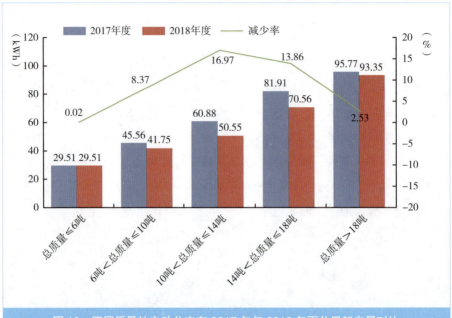

图 18　不同质量纯电动公交车 2017 年与 2018 年百公里耗电量对比

图 19　典型城市纯电动公交车百公里耗电量及每公里动力成本

（非居民）电价高达 0.98 元的武汉市和商业（非居民）电价 0.95 元的北京市。

以百公里柴油油耗平均值为 40L 燃油城市公交车作为对比，以北京市 2019 年 4 月 9 日 0 号柴油售价 6.54 元 /L 为基准进行计算，燃油城市公交车每公里动力成本约为 2.62 元，远远高于北京纯电动公交车每公里动力成本 0.64 元。因此，与燃油公交车相比，纯电动公交车在使用经济性上更为优越，且其具有节能减排的环保优势，充电基础设施相对完善，是下一步发展城市公交车的主流选择之一。[①]

四 电池衰减率分析

以某品牌纯电动公交车作为案例，选取不同区域 2016 年 12 月新上线且 2017 年和 2018 年全年均有运行数据的几辆公交车作为典型车辆，初步探讨纯电动公交车随着使用年限的增加，其电池性能衰减的情况，因个别车辆数据偶然性较大，不能代表纯电动公交车电池衰减率的整体情况。

随着使用年限的增加，车辆电池性能均出现一定程度的衰减。本文选用车辆消耗 100%SOC 的行驶里程高低来反映车辆的电池性能，并以车辆的标称里程作为基准，计算实际行驶的相对衰减率，以此表明电池衰减率。从图 20 可以看出，所选的 4 台纯电动公交车 2017 年实际行驶里程与车辆标称里程相比已经出现了一定程度的衰减，其中车辆 1 衰减率最低，仅有 3.67%，而车辆 2 衰减率最高，达到了 18.13%；在上线运行的第二年即 2018 年，4 台车的电池性能进一步衰减，其中车辆 1 电池衰减率为 26.88%，车辆 2 电池衰减率已达 28.57%。

南方地区电池衰减率低于北方地区。从图 21 可知，2018 年，黑龙江省典型车辆电池衰减率高达 27.13%，而广东地区车辆衰减率却较低，为 15.66%。分析原因可能为南方地区相较于北方地区，其温度较高且温差较小，电池的运行环境不如北方苛刻，因此电池的性能较稳定。

---

① 纯电动公交车每公里动力成本 = 百公里耗电量 /100× 城市商业用电价格；燃油公交车每公里动力成本 = 百公里耗油量 /100× 油价。

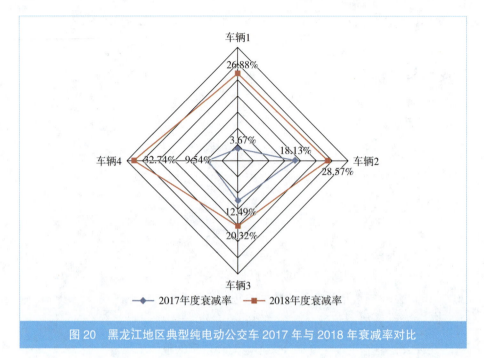

图 20　黑龙江地区典型纯电动公交车 2017 年与 2018 年衰减率对比

图 21　不同省份纯电动公交车 2017 年与 2018 年衰减率对比

五　车辆使用习惯

新能源公交车车辆使用习惯主要体现了车辆在运营过程中表现出的宏观概况，主要从车辆充电开始时间、充电开始 SOC、充电量、充电时长、充电次数等方面进行分析，全面地展现新能源公交车使用情况。

（一）充电开始时间

纯电动公交车开始充电时间主要集中在中午和夜晚休息时段，插电式混合动力公交车开始充电时间主要集中于工作时间。从图 22 可知，纯电动公交车在 11:00~13:00 开始充电的车辆占比近 20%，在夜晚休息时段 22:00~0:00 开始充电的车辆占比也近 20%，即近 40% 的纯电动公交车选择在中午和晚间休息时段开始充电，说明纯电动公交车基本是在车辆运营结束后的休息时段开始进入充电高峰期。而与纯电动公交车不同，插电式混合动力公交车开始充电时间主要集中于 6:00~18:00，占比超过 87%，由于插电式混合动力公交车自身带电量低，可在白天运营时间内随时补电，因而其开始充电时间基本与工

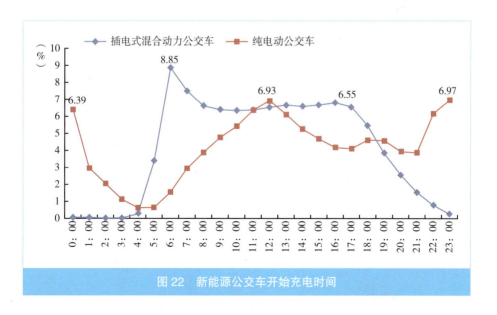

图 22　新能源公交车开始充电时间

125

作时间重合。经比较，纯电动客车在夜间充电比例高于插电式客车，而插电式客车在白天工作期间充电比例高于纯电动客车。从图23、图24可以看出，各区域新能源公交车开始充电时间分布趋势大致相同，比较特殊的两点是东

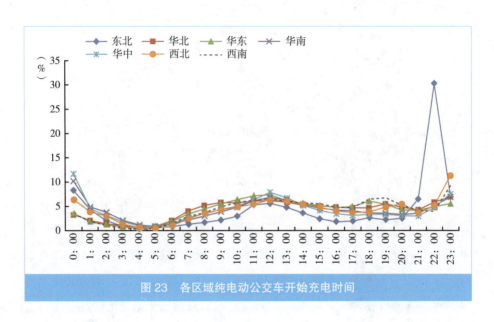

图23　各区域纯电动公交车开始充电时间

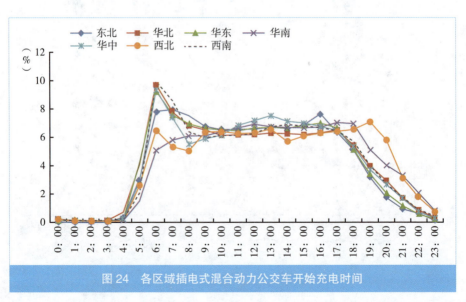

图24　各区域插电式混合动力公交车开始充电时间

北地区纯电动公交车在 22:00 开始充电的比例高达 30.14%，西北地区插电式混合动力公交车充电高峰区间为 6:00~19:00。

（二）充电开始SOC

纯电动公交车开始充电 SOC 宽泛地分布于 30%~90%，插电式混合动力公交车集中分布于 30%~60%。从图 25 可知，纯电动公交车在 30%~90% 的每个 SOC 区间内分布占比大致相同，均为 11%~18%，而插电式混合动力公交车 SOC 值在 40%~50% 区间占比高达 37.55%，SOC 值在 50%~60% 分布占比也达到 34.68%，远远高于其他 SOC 区间的占比。综上所述，可反映出纯电动公交车开始充电的意愿基本不受电池 SOC 值的制约，可随时进入充电站充电，因此充电开始 SOC 区间跨度较宽泛。而插电式混合动力公交车在公交线路上全程用电驱动的情况下，电量消耗较快，进入充电站开始充电时电池 SOC 值通常不会很高，基本集中于 30%~60%。从图 26、图 27 可知，各区域新能源公交车开始充电 SOC 分布趋势大致相同，只有东北地区纯电动公交车可能因气温偏低等，开始充电 SOC 分布区间相较其他区域偏小。

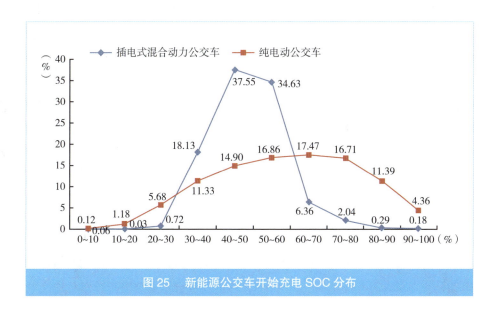

图 25　新能源公交车开始充电 SOC 分布

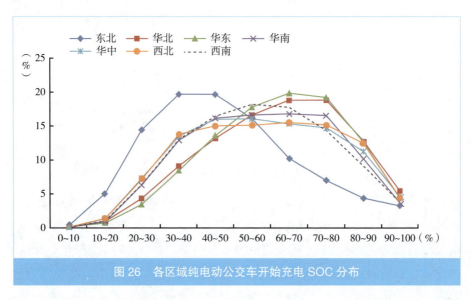

图26　各区域纯电动公交车开始充电 SOC 分布

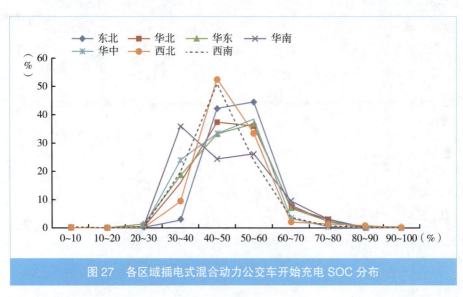

图27　各区域插电式混合动力公交车开始充电 SOC 分布

（三）充电时长

纯电动公交车日均充电时长略高于插电式混合动力公交车。2018 年，纯电动公交车单车日均充电时长为 1.96h，插电式混合动力公交车单车日均充时长为 1.56h。从图 28 可以看出，纯电动公交车日均充电时长随月份存在一定的波动性，基本呈现冬夏两季日均充电时长较长，插电式混合动力公交车也大致表现出相似的趋势。从图 29 可知，东北地区纯电动公交车日均充电时长最长，为 2.43h，华北地区纯电动公交车日均充电时长最短，为 1.80h；华

图 28 新能源公交车单车日均充电时长

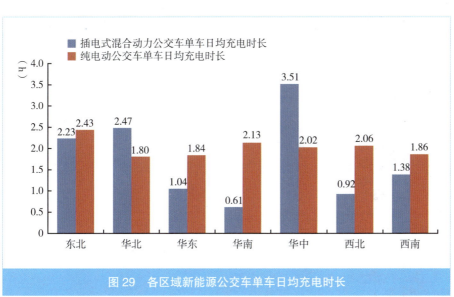

图 29 各区域新能源公交车单车日均充电时长

中地区插电式混合动力公交车日均充电时长最长，为 3.51h，华南地区插电式混合动力公交车日均充电时长最短，为 0.61h。

深圳市纯电动公交车累计充电时长最长，包头市插电式混合动力公交车累计充电时长最长。从图 30 可知，纯电动公交车累计充电时长排名城市 TOP5 依次为深圳市、广州市、长沙市、上海市和西安市，其中深圳市累计充电时长达 148.32 万 h。从图 31 可知，插电式混合动力公交车累计充电时长排名城

图 30　纯电动公交车总充电时长城市排名 TOP10

图 31　插电式混合动力公交车总充电时长城市排名 TOP10

市 TOP5 依次为包头市、沈阳市、长沙市、六安市和昆明市，其中包头市累计充电时长达 43.28 万 h，比第二名的沈阳市高出 45.28%。

（四）充电次数

纯电动公交车日均充电次数低于插电式混合动力公交车。2018 年，纯电动公交车单车日均充电次数为 2.32 次，插电式混合动力公交车单车日均充电次数为 3.56 次。从图 32 可以看出，新能源公交车日均充电次数随月份存在一定的波动性，冬夏两季日均充电次数较多。从图 33 可知，华北地区纯电动公交车日均充电次数最多，为 2.60 次，东北地区纯电动公交车日均充电次数最少，为 1.96 次；华中地区插电式混合动力公交车日均充电次数最多，为 4.47 次，华北地区插电式混合动力公交车日均充电次数最少，为 3.02 次。

（五）充电量

纯电动公交车单车单次充电量高于插电式混合动力公交车。2018 年，纯电

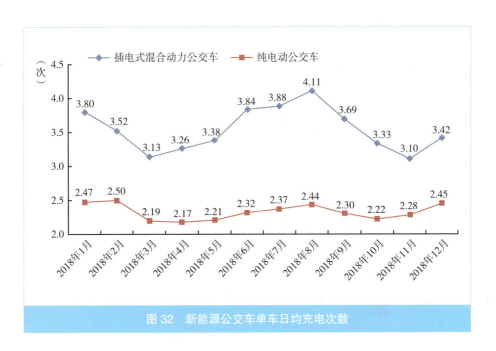

图 32　新能源公交车单车日均充电次数

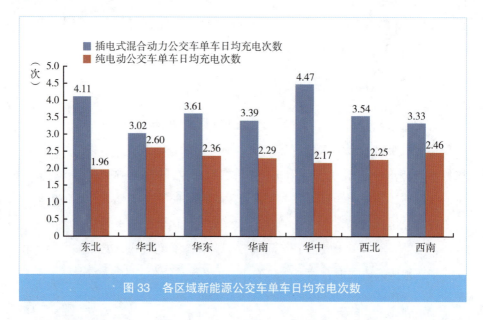

图 33　各区域新能源公交车单车日均充电次数

动公交车单车单次充电量为 104.73kWh，插电式混合动力公交车单车单次充电量为 33.08Wh，前者比后者单次充电量高出 2 倍。从图 34 各月份新能源公交车单车日均充电量数据中可以看出，纯电动公交车 12 月单次充电量最高，达 121.54 kWh，插电式混合动力公交车 1 月单次充电量最高，为 39.24kWh。从图 35 可知，各区域新能源公交车单车单次充电量具有一定的差异性，华南地区新能源公交车单次充电量普遍较高。

　　北京市纯电动公交车累计充电量排名第一，南昌市插电式混合动力公交车累计充电量排名第一。从图 36 可知，虽然北京市纯电动公交车上线车辆数低于广州市，但是北京市的纯电动公交车总充电量却比广州市高 29.29%，这种现象一方面可以说明北京市气温比广州市低而导致车辆耗电量高，另一方面也可以推测北京市纯电动公交车的使用频次高于广州市。从图 37 可知，南昌市插电式混合动力公交车虽然上线车辆数没有进入城市 TOP10，但是其总充电量却排名第一，北京市、包头市等也存在相似的情况，表明部分城市存在插电式混合动力公交车电驱动行驶频率较低的情况。

图 34 新能源公交车单车单次充电量

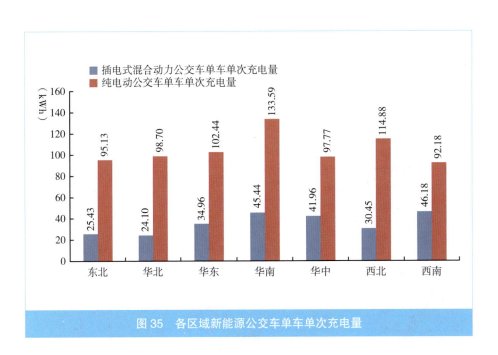

图 35 各区域新能源公交车单车单次充电量

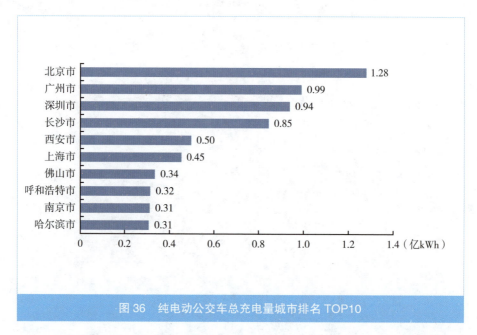

图 36　纯电动公交车总充电量城市排名 TOP10

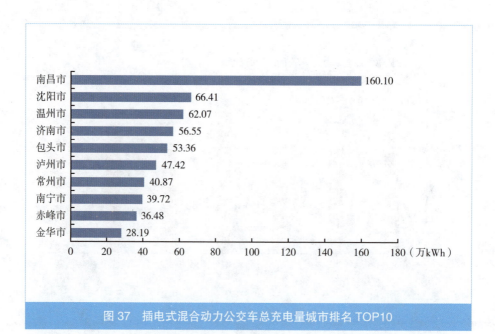

图 37　插电式混合动力公交车总充电量城市排名 TOP10

六 车辆故障情况

与插电式混合动力公交车相比，上线基数较大的纯电动公交车各月故障车辆数也较多。2018 年，新能源公交车故障车辆数累计 342311 辆，其中，纯电动公交车 276293 辆，占比 80.71%；插电式混合动力公交车 66018 辆，占比 19.29%。从图 38 可以看出，冬夏两季出现波峰，并且冬季新能源公交车的故障车辆数明显上升，且 12 月故障车辆数高达 57623 辆。通常情况下，温度较高会对电池安全性产生较大影响，会出现电池高温、热失控等故障；而在冬季气温较低的情况下，苛刻的环境条件对电池性能产生严峻的考验，使新能源公交车的故障车辆数上升。从其逐月上升的趋势也可以推测，运营单位可能对部分车辆所报故障不够重视，不予及时维修，因而存在故障车辆一直保留的情况。

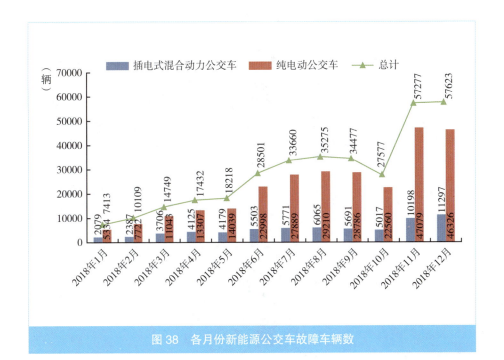

图 38 各月份新能源公交车故障车辆数

纯电动公交车故障等级主要集中于一级故障，而插电式混合动力公交车各级故障分布差异较小。2018 年，纯电动公交车一级、二级、三级故障占比分别为 69.60%、5.88%、24.52%，表明其故障等级主要集中于一级故障；插电式混合动力公交车一级、二级、三级故障占比分别为 40.75%、35.17%、24.08%，各级故障占比差异不是十分明显，但仍以一级故障居多。综上分析，可见运营单位对新能源公交车的故障监控及安全预警比较重视，使部分故障停留至一级故障时即得到处理，而没有向二级乃至三级进一步转化。从图 39、图 40 可以看出，6 月至 9 月纯电动公交车每月三级故障占比明显上升，插电式混合动力公交车每月二级故障占比显著上升，二者随后均出现占比减少的情况，其原因可能是在后续月份中出现运营单位集中将部分三级、二级故障维修好的情况。

单体电池过压是纯电动公交车故障的最主要原因，DC 状态是插电式混合动力公交车故障的最主要原因。从图 41 可知，单体电池过压在纯电动公交车

图 39　纯电动公交车一级、二级、三级故障占比

图 40　插电式混合动力公交车一级、二级、三级故障占比

图 41　纯电动公交车各项故障占比排名 TOP10

各项故障的占比达 13.10%，而 SOC 低、绝缘故障、制动系统故障的占比分别为 12.52%、12.34%、12.01%，这是纯电动公交车产生故障的主要原因。从图 42 可知，DC 状态是插电式混合动力公交车故障的最主要因素，其占比高达 20.15%，而动力蓄电池一致性差、电池极柱高温也是其出现故障的主要因素，其占比分别为 11.96% 和 11.02%。

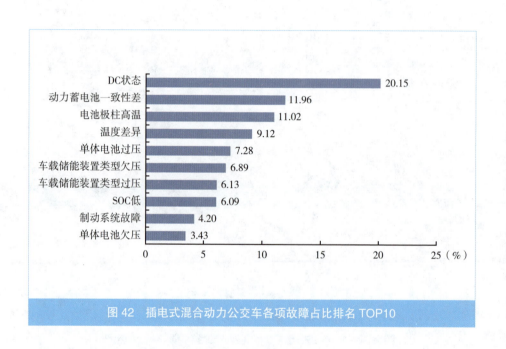

图 42 插电式混合动力公交车各项故障占比排名 TOP10

七 节能减排情况

纯电动公交车减排总量及增长率均超越插电式混合动力公交车。2018 年，我国新能源公交车总减排 CO_2 量 402.78 万吨，其中，纯电动公交车减排 321.31 万吨，占比 79.77%；插电式混合动力公交车减排 81.47 万吨，占比 20.23%，可见纯电动公交车在新能源公交车 CO_2 减排中做出了卓越的贡献。从图 43 可以看出，随着月份的增加，纯电动公交车减排量从 13.11 万吨上升至 38.37 万吨，涨幅明显，增长率达 192.68%；而插电式混合动力公交车减排

图 43　各月份新能源公交车总减排 CO_2 量

量从 4.44 万吨上涨至 7.92 万吨，增长率为 78.38%。

　　华东地区新能源公交车 CO_2 减排量最高为 141.42 万吨，华中地区次之为 69.59 万吨，西北地区最少，仅有 21.94 万吨。从图 44 可知，华东地区纯

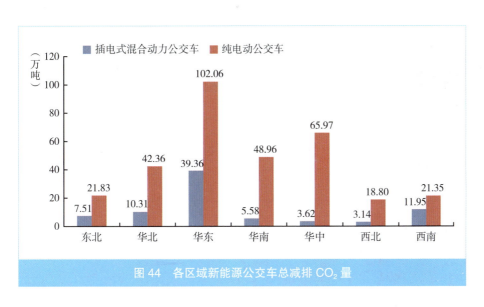

图 44　各区域新能源公交车总减排 CO_2 量

电动公交车 CO_2 减排量高达 102.06 万吨，占全国纯电动公交车总减排量的 31.76%；其插电式混合动力公交车相较于其他区域减排量也是最高，达 39.36 万吨，占全国插电式混合动力公交车总减排量的 48.31%。华中地区纯电动公交车与插电式混合动力公交车减排量差异最为明显，前者比后者高 17 倍之多。

北京市新能源公交车总减排量最高。 从图 45 可以看出，全国新能源公交车总减排 CO_2 量城市排名 TOP10 分别为北京市、长沙市、广州市、深圳市、上海市、济南市、福州市、哈尔滨市、佛山市和重庆市，其中，北京市新能源公交车总减排量最高，达 17.04 万吨，比排名第二的长沙市高 43.92%。

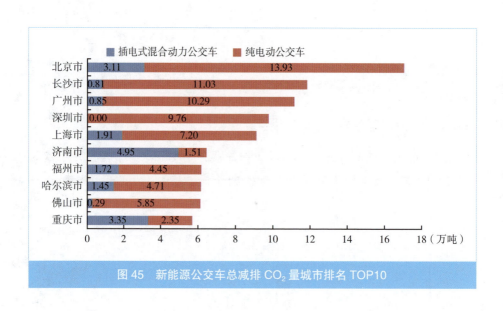

图 45　新能源公交车总减排 CO_2 量城市排名 TOP10

八　小结与建议

各省份新能源公交车推广以纯电动为主，2018 年全国录入量占新能源公交车 88% 以上。在国家号召节能减排绿色出行、各省份纷纷出台新能源汽车推广实施办法的大环境下，纯电动公交车由于充电基础设施匹配相对完善、使用经济性相对较好而逐渐成为公交运营企业替代燃油公交车的首选。而从

2018 年各区域新能源公交车上线车辆数及较 2017 年度增长率可知，我国新能源公交车规模与应用正处于快速发展阶段。

运营企业对新能源公交车的信心越来越强。目前，插电式混合动力公交车日均行驶里程、日均行驶时长等数据方面仍高于纯电动公交车，但 2018 年纯电动公交车日均行驶里程与日均行驶时长逐月增加，在整车运行特征上呈现纯电动公交车逐步向插电式混合动力公交车靠近的趋势。且无论是纯电动公交车还是插电式混合动力公交车，其 2018 年日均行驶里程、日均行驶时长平均值相较于 2017 年均大幅提升，由此可见，我国新能源公交车运营线路上的使用强度越来越大，更近一步趋近于燃油公交车，表明运营单位对新能源公交车的信心越来越强。

安全问题仍旧是公众关注的焦点，也是车辆在设计、生产和运营环节的首要内容。公交车作为城市公共交通的重要组成部分，在服务民众、便捷出行的同时要对车辆及充电基础设施使用安全进行严格把关。首先，电池、整车、充电桩等企业要不断进行科技创新，提升产品质量，保障新能源公交车使用及充电状态的安全性，降低车辆使用故障率，杜绝火灾抢险等安全事故。与此同时，运营单位要加强车辆故障监控及安全预警措施，最大限度地将安全隐患扼杀在发展初期。未来，我国新能源公交车市场发展潜力巨大，前景广阔，各方力量都应对安全问题提高重视程度，确保我国新能源客车产业稳定快速发展。

B.6
2019年新能源公路客车运行
大数据研究报告

滕欣余　张　钰[*]

摘　要：　本文基于新能源汽车国家监测与管理平台2018年1月至2018年12月新能源公路客车的相关运行数据，通过分析我国新能源公路客车的录入情况、上线情况、日均行驶里程、百公里耗电量等整车运行情况、充电起始SOC分布、充电时长、充电次数等使用情况等，分析我国新能源公路客车的整车运行状态、客户使用习惯以及故障情况等，并计算出新能源公路客车的节能减排效果情况。

关键词：　新能源公路客车　运行特征　使用习惯　故障　减排

一　总体情况分析

（一）平台录入数据

华东地区新能源公路客车录入量最多，部分区域纯电动公路客车录入量占比高达95%。如图1所示，2018年全国新能源公路客车累计录入14491辆，其中纯电动公路客车12447辆，占比85.89%；插电式混合动力公路客车2044辆，占比14.11%，可见在公路客车领域，运营单位同样更青睐纯电动客车。从区域分布来看，华东地区2018年新录入新能源公路客车数量最多，达到5848辆，占全国总量的40.36%。华中、华南地区推广纯电动公路客车的力度

---

* 　滕欣余，硕士，中汽中心北京工作部技术经理；张钰，博士，北京理工大学管理与经济学院。

最大，新录入的新能源车辆中纯电动公路客车占比均超 94%；而与其他区域相比，西南地区的新能源公路客车录入量中纯电动公路客车占比最低，仅有58.32%。

图 1　2018 年各区域新能源公路客车录入量

车长 > 10m 的新能源公路客车占比最大，为 46.57%，6m < 车长 ≤ 8m的新能源公路客车次之，为 27.47%。如图 2 所示，在 2018 年度新录入的12447 辆纯电动公路客车中，车长 > 10m 的纯电动公路客车共计 5778 辆，占比 46.42%；8m < 车长 ≤ 10m 的纯电动公路客车共计 3163 辆，占比 25.41%；6m < 车长 ≤ 8m 的纯电动公路客车共计 3506 辆，占比 28.17%。在 2044 辆新录入的插电式混合动力公路客车中，车长 > 10m 的插电式混合动力公路客车共计 970 辆，占比 47.46%；8m < 车长 ≤ 10m 的插电式混合动力公路客车共计 600 辆，占比 29.35%；而 6m < 车长 ≤ 8m 的插电式混合动力公路客车有474 辆，占比 23.19%。

几乎所有纯电动公路客车均搭载磷酸铁锂电池，而插电式混合动力公路客车中搭载锰酸锂电池的车辆占比较高。如图 3 所示，在 2018 年新录入的纯电动公路客车中，共有 12446 辆搭载磷酸铁锂电池，占比 99.99%，占据了

图2　2018年不同车长新能源公路客车录入量

绝对优势，只有1辆纯电动公路客车搭载了锰酸锂电池；在新录入的插电式混合动力公路客车中，搭载锰酸锂电池的车辆数量最多，为1602辆，占比78.38%，搭载磷酸铁锂电池的车辆共有442辆，占比21.62%。

在纯电动公路客车中搭载方形电池的车辆占比最高，在插电式混合动力公路客车中搭载软包电池的车辆占比最高。如图4所示，纯电动公路客车搭载不同类型的电池占比排序从高到低依次为方形电池83.85%、圆柱形电池15.02%、软包电池1.13%；插电式混合动力公路客车仅搭载了软包电池和圆柱形电池，分别占比78.38%和21.62%。

上海市纯电动公路客车录入量排名第一，兰州市插电式混合动力公路客车录入量排名第一。如图5所示，2018年上海市推广录入纯电动公路客车2140辆，比排名第二的郑州市高1.3倍。如图6所示，兰州市、重庆市、绍兴市插电式混合动力公路客车录入量均超过100辆，依次为330辆、175辆、154辆。

（二）上线车辆数

新能源公路客车上线车辆数同比增长23.67%。2018年，全国新能源公路客车上线车辆数总计14666辆，其中，纯电动公路客车上线车辆数为12597辆，

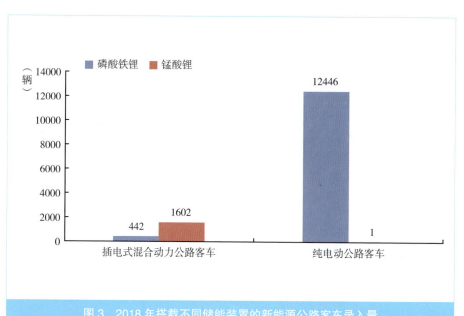

图 3　2018 年搭载不同储能装置的新能源公路客车录入量

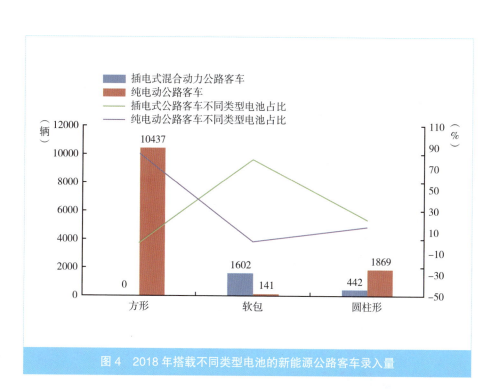

图 4　2018 年搭载不同类型电池的新能源公路客车录入量

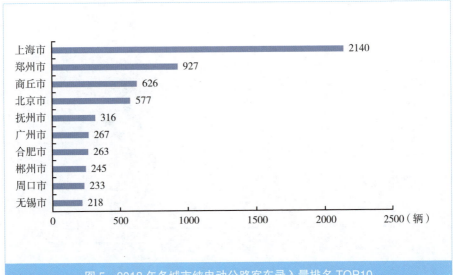

图 5　2018 年各城市纯电动公路客车录入量排名 TOP10

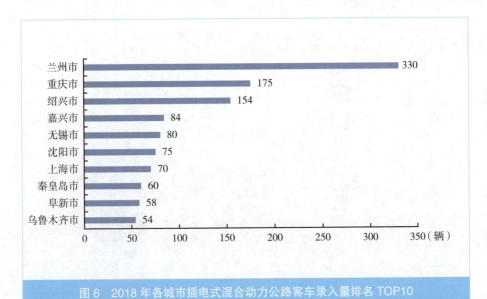

图 6　2018 年各城市插电式混合动力公路客车录入量排名 TOP10

占比 85.89%，插电式混合动力公路客车上线车辆数为 2069 辆，占比 14.11%。如图 7 所示，在各区域 2018 年上线车辆数比较中，华东地区纯电动公路客车和插电式混合动力公路客车上线车辆数均排名第一，分别为 5173 辆和 759 辆。各区域新能源公路客车上线车辆数相较 2017 年均有所提升，其中，华北地区纯电动公路客车增长率最高，为 55.99%，华东地区次之，为 36.92%；而插电式混合动力公路客车与 2017 年相比却增幅较小，基本维持在 0~5%。

上海市纯电动公路客车上线车辆数排名第一，兰州市插电式混合动力公路客车上线车辆数排名第一。 从图 8、图 9 可以看出，纯电动公路客车上线车辆数 TOP10 城市排名与插电式混合动力公路客车上线车辆数 TOP10 城市排名同 2018 年平台录入量排名基本一致。

二　整车运行特征

整车运行特征的分析对全面了解新能源公路客车起到至关重要的作用，本小节主要从日均行驶里程、日均行驶时长两个方面展开论述。

（一）日均行驶里程

纯电动公路客车日均行驶里程（k）主要集中于 90km < k ≤ 210km 的城市占比超 82%，插电式混合动力公路客车日均行驶里程（k)主要集中于 120km < k ≤ 240km 的城市占比超 87%。 图 10 的曲线表明了新能源公路客车日均行驶里程在各里程区间的占比情况，从中可以看出，纯电动公路客车日均行驶里程集中于 90km < k ≤ 210km，且 120km < k ≤ 150km 区间占比最高，为 28.18%，150km < k ≤ 180km 区间占比为 21.50%，90km < k ≤ 120km 区间占比为 19.84%，180km < k ≤ 210km 区间占比为 12.65%。插电式混合动力公路客车日均行驶里程在 180km < k ≤ 210km 区间占比最高，为 36.98%，其次分别为 150km < k ≤ 180km 区间占比 25.75%、210km < k ≤ 240km 区间占比 13.51%、120km < k ≤ 150km 区间占比 11.53%，可见分布在高日均行驶里程区间 120km < k ≤ 240km 的城市占比超 87%。

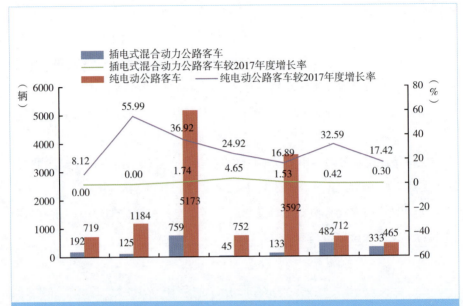

图7　2018年各区域新能源公路客车上线车辆数及较2017年度增长率

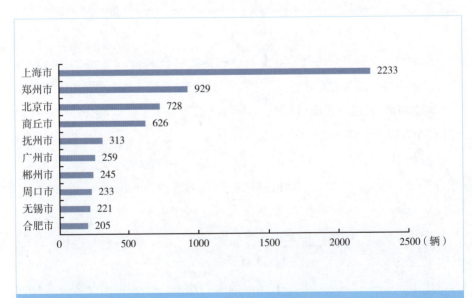

图8　2018年各城市纯电动公路客车上线车辆数排名TOP10

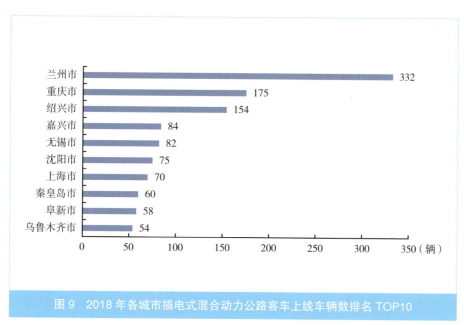

图 9　2018 年各城市插电式混合动力公路客车上线车辆数排名 TOP10

插电式混合动力公路客车日均行驶里程高于纯电动公路客车。从图 11、图 12 中也可以看出，各月份插电式混合动力公路客车日均行驶里程均高于纯电动公路客车，且相较于 2017 年平均值，2018 年纯电动公路客车日均行驶里程增长 41.82%，插电式混合动力公路客车日均行驶里程增长 30.84%，可见在公路客车领域，新能源公路客车使用强度也越来越大。

（二）日均行驶时长

插电式混合动力公路客车日均行驶时长为 9.78h，纯电动公路客车日均行驶时长为 7.41h。从图 13 可知，各月份插电式混合动力公路客车日均行驶时长均高于纯电动公路客车 2~3h。在 2018 年 2 月时，新能源公路客车日均行驶时长跌至全年最低，原因可能与春节年假有关。从图 14 可知，与 2017 年相比，2018 年新能源公路客车日均行驶时长大幅度提升，其中，纯电动公路客车增长 95.51%，插电式混合动力公路客车增长 74.64%。

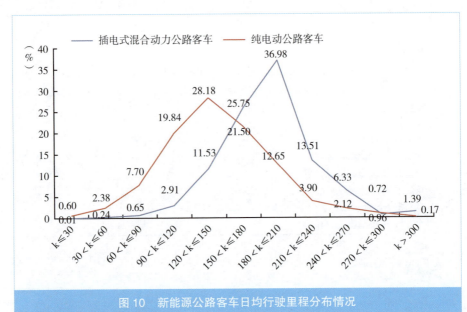

图 10　新能源公路客车日均行驶里程分布情况

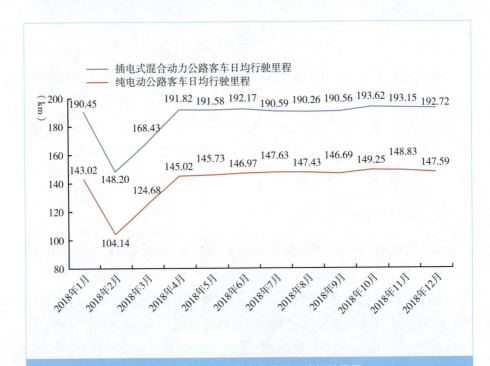

图 11　新能源公路客车各月份日均行驶里程

图 12　新能源公路客车 2017 年与 2018 年日均行驶里程对比

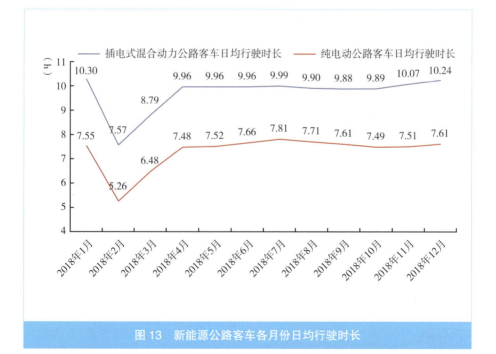

图 13　新能源公路客车各月份日均行驶时长

图 14　新能源公路客车 2017 年与 2018 年日均行驶时长对比

三　经济性分析

　　纯电动公路客车百公里耗电量是分析整车运营特征的重要指标，也是分析其经济性的重要手段。本部分分别从区域、季节、总质量等影响因素分析纯电动公路客车的百公里耗电量，并选择沈阳市、北京市、武汉市、上海市、广州市、成都市六个典型城市进行初步的每公里动力成本分析，为相关研究提供参考值。

（一）不同区域纯电动公路客车百公里耗电量

　　华北地区纯电动公路客车百公里耗电量最高，西北地区纯电动公路客车百公里耗电量最低。从图 15 可知，各区域纯电动公路客车百公里耗电量均超过50kWh，其中华北地区达 60.91kWh，其次为华东地区 58.60kWh 和华南地区58.14kWh。

图 15　不同区域纯电动公路客车百公里耗电量

冬季纯电动公路客车百公里耗电量普遍较高。从图 16 可知，随着月份的变化，各区域纯电动公路客车百公里耗电量存在随季节波动的情况，在冬季车辆耗电量明显出现上升的趋势，究其原因可能是冬季空调负荷大。

图 16　不同区域纯电动公路客车月度百公里耗电量

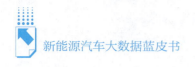

（二）不同质量纯电动公路客车百公里耗电量

纯电动公路客车百公里耗电量与整车总质量正相关。从图 17 可知，区分不同纯电动公路客车整车总质量，其百公里耗电量呈现较大的梯次变化，相关度非常高。当整车 14 吨 < 总质量 ≤ 18 吨时，纯电动公路客车百公里耗电量达到了 69.14 kWh，而整车总质量 ≤ 6 吨时，纯电动公路客车百公里耗电量仅有 25.42 kWh，差异十分明显。图 18 的对比数据表明，2018 年不同质量的纯电动公路客车百公里耗电量相较于 2017 年均有所下降，整车总质量 ≤ 6 吨的纯电动公路客车能耗减少率高达 34.72%。除了电池性能及整车布局优化提升外，驾驶员操作习惯的改善也是一部分原因。

（三）典型城市纯电动公路客车使用经济性初探

城市商业（非居民）用电价格对纯电动公路客车使用经济性影响较大。从图 19 分析可知，广州市纯电动公路客车百公里耗电量在所选典型城市中

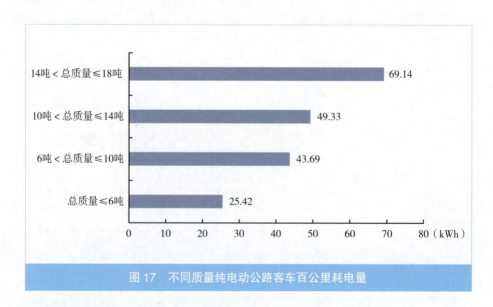

图 17　不同质量纯电动公路客车百公里耗电量

图 18　不同质量纯电动公路客车 2017 年与 2018 年百公里耗电量对比

最高，达到 68.21kWh，而由于广州市商业（非居民）电价相对较低，仅有 0.68 元，利用公式计算后，纯电动公路客车每公里动力成本为 0.46 元，低于商业（非居民）电价高达 0.98 元的武汉市和商业（非居民）电价 0.95 元的北京市。

以百公里柴油油耗平均值为 35L 燃油城市公交车作为对比，以北京市 2019 年 4 月 9 日 0 号柴油售价 6.54 元 /L 为基准进行计算，燃油城市公路客车每公里动力成本约为 2.29 元，远远高于北京纯电动公路客车每公里动力成本 0.64 元。因此，与燃油公路客车相比，纯电动公路客车在使用经济性上更为优越（纯电动公路客车每公里动力成本 = 百公里耗电量 / 100 × 城市商业用电价格；燃油公路客车每公里动力成本 = 百公里耗油量 / 100 × 油价）。

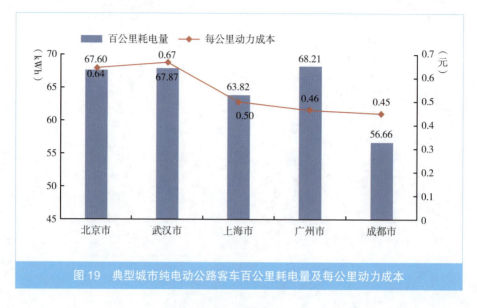

图 19 典型城市纯电动公路客车百公里耗电量及每公里动力成本

四 车辆使用习惯

新能源公路客车车辆使用习惯主要体现了车辆在运营过程中表现出的宏观概况，主要从车辆充电开始时间、充电开始 SOC、充电量、充电时长、充电次数、单次最大充电量分布以及单次最大充电时长分布等方面进行分析，全面地展现新能源公路客车使用情况。

（一）充电开始时间

纯电动公路客车开始充电时间主要集中在中午和夜晚休息时段，插电式混合动力公路客车开始充电时间主要集中于工作时间。从图 20 可知，纯电动公路客车在 11:00~13:00 开始充电的车辆占比超过 18%，在夜晚休息时段 22:00~0:00 开始充电的车辆占比超过 24%，即超过 42% 的纯电动公路客车选择在中午和晚间休息时段开始充电，说明纯电动公路客车基本是在车辆运营结束后的休息时段开始进入充电高峰期。而与纯电动公路客车不同，插电式混合动力公路客车开始充电时间主要集中于 5:00~18:00，占比近 90%，可见

图 20　新能源公路客车开始充电时间

其开始充电时间基本与工作时间重合。经比较，纯电动公路客车在夜间充电比例高于插电式混合动力公路客车，而插电式混合动力公路客车在白天工作期间充电比例高于纯电动公路客车。从图 21、图 22 可以看出，各区域新能源公路客车开始充电时间分布趋势大致相同，比较特殊的是东北地区纯电动公路客车在 22:00 开始充电的比例高达 33.94%，西北地区纯电动公路客车在 23:00 开始充电的比例高达 27.32%，除此之外，东北地区插电式混合动力公路客车充电高峰区间为 7:00~18:00。

（二）充电开始 SOC

纯电动公路客车开始充电 SOC 宽泛地分布于 30%~80%，插电式混合动力公路客车集中分布于 30%~60%。从图 23 可知，纯电动公路客车在 30%~80% 的每个 SOC 区间内分布占比大致相同，均在 11%~20%，而插电式混合动力公路客车 SOC 值在 40%~50% 区间占比高达 58.75%，SOC 值在 30%~40% 区间占比 17.84%，SOC 值在 50%~60% 区间占比 19.75%，远远高于

157

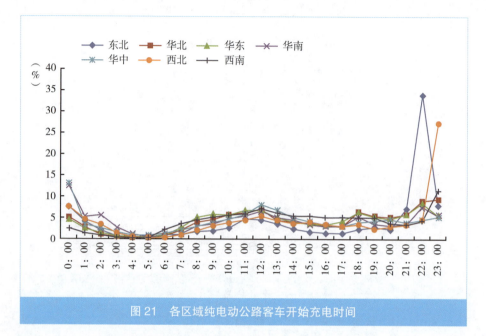

图21　各区域纯电动公路客车开始充电时间

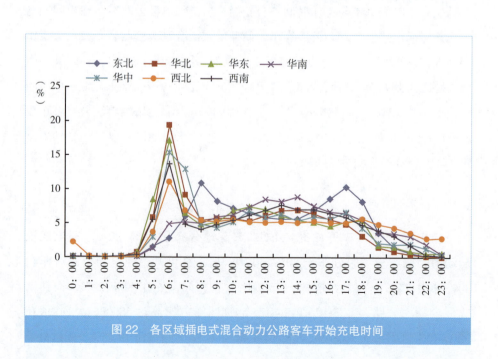

图22　各区域插电式混合动力公路客车开始充电时间

其他 SOC 区间的占比。从图 24、图 25 可知，各区域间新能源公路客车开始充电 SOC 分布趋势大致相同，只有东北地区纯电动公路客车可能出于气温偏低等因素，开始充电 SOC 分布区间相较其他区域偏小。

（三）充电时长

纯电动公路客车日均充电时长高于插电式混合动力公路客车。2018 年，纯电动公路客车单车日均充电时长为 2.11h，插电式混合动力公路客车单车日均充电时长为 0.63h，前者较后者高出 2 倍多。从图 26 可以看出，纯电动公路客车日均充电时长随月份存在一定的波动性，基本呈现冬夏两季日均充电时长较长，而插电式混合动力公路客车表现出夏季的日均充电时长要高于冬季的现象，表明对于公路客车来说，气温越低，在使用行为上越偏向于舍弃电驱动。从图 27 可知，东北地区纯电动公路客车日均充电时长最长，为 2.55h，华南地区纯电动公路客车日均充电时长最短，为 1.87h；华南地区插电式混合动力公路客车日均充电时长最长，为 1.92h，华北地区插电式混合动力公路客车日均充电时长最短，为 0.30h。

郑州市纯电动公路客车累计充电时长最长，兰州市插电式混合动力公路客车累计充电时长最长。从图 28 可知，纯电动公路客车累计充电时长排名城市 TOP5 依次为郑州市、上海市、商丘市、哈尔滨市和广州市，其中郑州市累计充电时长达 83.18 万 h。从图 29 可知，插电式混合动力公路客车累计充电时长排名城市 TOP5 依次为兰州市、重庆市、宁波市、上海市和茂名市，其中兰州市累计充电时长达 2.59 万 h，比第二名的重庆市高出 50.70%。

（四）充电次数

纯电动公路客车日均充电次数低于插电式混合动力公路客车。2018 年，纯电动公路客车单车日均充电次数为 1.84 次，插电式混合动力公路客车单车日均充电次数为 2.29 次。从图 30 可以看出，除个别月份外，大多数情况下纯电动公路客车日均充电次数低于插电式混合动力公路客车，且插电式混合动力公路客车夏季日均充电次数最多。从图 31 可知，西南地区纯电动公路客车

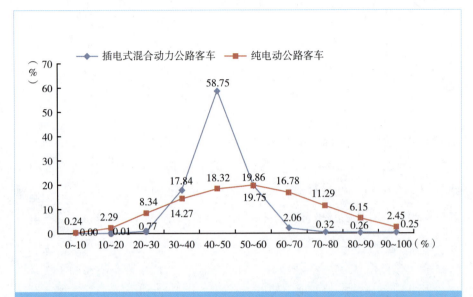

图 23　新能源公路客车开始充电 SOC 分布

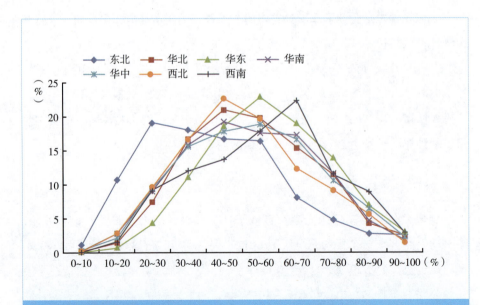

图 24　各区域纯电动公路客车开始充电 SOC 分布

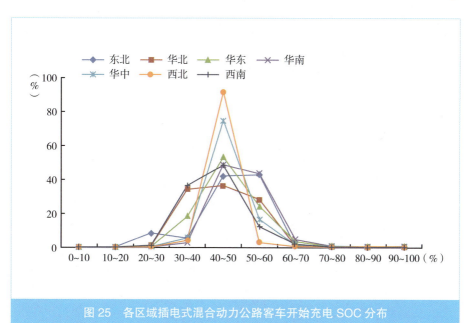

图 25　各区域插电式混合动力公路客车开始充电 SOC 分布

图 26　新能源公路客车单车日均充电时长

图27　各区域新能源公路客车单车日均充电时长

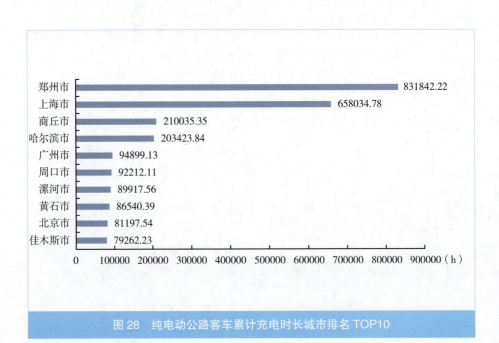

图28　纯电动公路客车累计充电时长城市排名 TOP10

图 29　插电式混合动力公路客车累计充电时长城市排名 TOP10

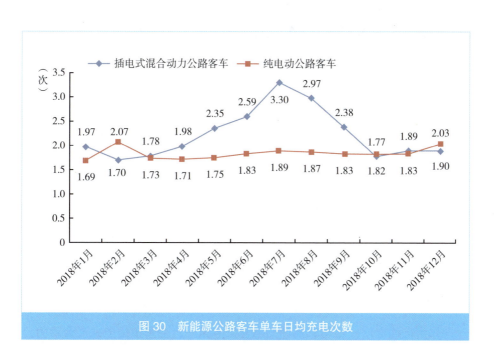

图 30　新能源公路客车单车日均充电次数

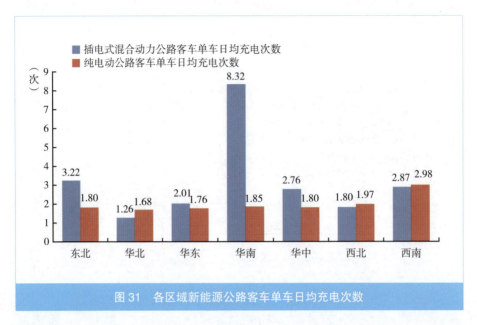

图31　各区域新能源公路客车单车日均充电次数

日均充电次数最多，为2.98次，华北地区纯电动公路客车日均充电次数最少，为1.68次；华南地区插电式混合动力公路客车日均充电次数最多，为8.32次，华北地区插电式混合动力公路客车日均充电次数最少，为1.26次。

（五）充电量

纯电动公路客车单车单次充电量高于插电式混合动力公路客车。 2018年，纯电动公路客车单车单次充电量为98.72kWh，插电式混合动力公路客车单车单次充电量为27.78Wh，前者比后者单次充电量高出2倍多。从图32 2018年各月份新能源公路客车单车单次充电量数据中可以看出，纯电动公路客车12月单次充电量最高，达109.60 kWh，插电式混合动力公路客车也是12月单充电量最高，为34.12kWh。从图33可知，各区域新能源公路客车单车单次充电量具有一定的差异性，华南地区纯电动公路客车单车单次充电量最高，东北地区插电式混合动力公路客车单车单次充电量最高。

郑州市纯电动公路客车累计充电量排名第一，兰州市插电式混合动力公

图 32　2018 年各月份新能源公路客车单车单次充电量

图 33　各区域新能源公路客车单车单次充电量

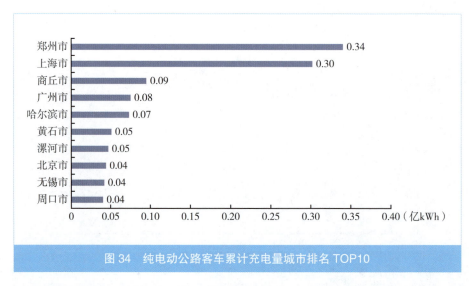

图34 纯电动公路客车累计充电量城市排名TOP10

路客车累计充电量排名第一。从图34可知，虽然郑州市纯电动公路客车上线车辆数低于广州市，但是郑州市的纯电动公路客车累计充电量却比广州市高3.25倍。从图35可知，兰州市插电式混合动力公路客车累计充电量达36.38万kWh，比排名第二的宁波市高86.18%。

五 车辆故障情况

与插电式混合动力公路客车相比，上线基数较大的纯电动公路客车各月故障车辆数也较多。2018年，新能源公路客车故障车辆数累计17934辆，其中，纯电动公路客车15523辆，占比86.56%；插电式混合动力公路客车2411辆，占比13.44%。从图36可以看出，冬夏两季出现波峰，并且冬季新能源公路客车的故障车辆数明显上升，12月故障车辆数达到5285辆。通常情况下，温度较高会对电池安全性产生较大影响，会出现电池高温、热失控等故障；而在冬季气温较低的情况下，苛刻的环境条件对电池性能产生严峻的考验，使

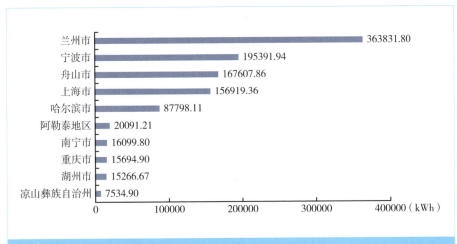

图 35 插电式混合动力公路客车累计充电量城市排名 TOP10

图 36 2018 年各月份新能源公路客车故障车辆数

新能源公交车的故障车辆数上升。从其逐月上升的趋势也可以推测，运营单位可能对部分车辆所报故障不够重视，不予及时维修，因而存在故障车辆一直保留的情况。

新能源公路客车故障等级均主要集中于三级故障。 2018年，纯电动公路客车一级、二级、三级故障占比分别为24.19%、4.35%、71.45%，表明其故障等级主要集中于三级故障；插电式混合动力公路客车一级、二级、三级故障占比分别为37.11%、12.01%、50.88%，其故障等级同样集中于三级故障。从图37可以看出，随着月数增加，纯电动公路客车每月一级故障占比显著上升，每月三级故障占比明显下降，表现出运营单位对三级故障维修处理的重视程度提高。从图38可以看出，绝大多数月份插电式混合动力公路客车的故障等级都集中于一级或三级故障，三级故障集中在2月、3月和10月，在11月和12月时三级故障的占比极小，表明运营单位在11月和12月集中处理了

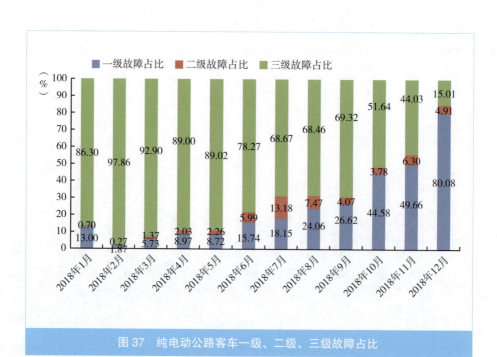

图37　纯电动公路客车一级、二级、三级故障占比

168

图 38　插电式混合动力公路客车一级、二级、三级故障占比

车辆的三级故障。

SOC 低是纯电动公路客车故障的最主要原因，制动系统故障是插电式混合动力公路客车故障的最主要原因。从图 39 可知，SOC 低在纯电动公路客车故障的占比达 16.95%，而制动系统故障的占比也达 13.80%，可见 SOC 低和制动系统故障是纯电动公路客车产生故障的主要原因。从图 40 可知，制动系统故障是插电式混合动力公路客车故障的最主要原因，其占比高达 52.93%，而单体电池欠压也是其出现故障的主要原因，其占比达 20.08%。

六　节能减排情况

纯电动公路客车减排总量及增长率均超越插电式混合动力公路客车。2018年，我国新能源公路客车总减排 CO_2 量为 48.87 万吨，其中，纯电动公路客

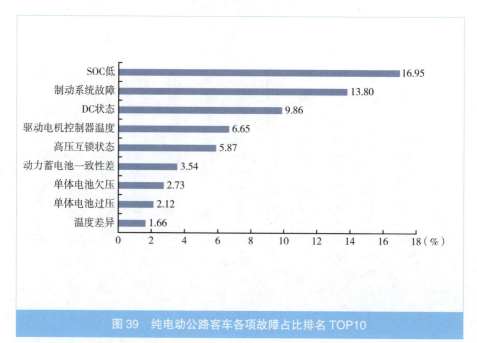

图 39　纯电动公路客车各项故障占比排名 TOP10

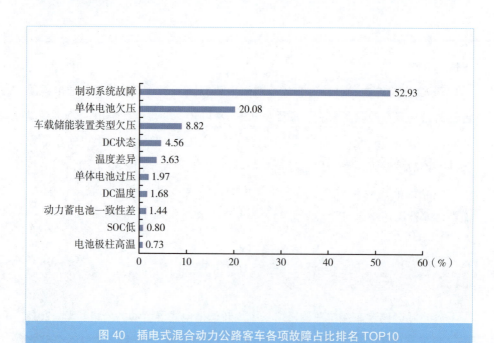

图 40　插电式混合动力公路客车各项故障占比排名 TOP10

车减排 37.05 万吨，占比 75.81%；插电式混合动力公路客车减排 11.82 万吨，占比 24.19%，可见纯电动公路客车在新能源公路客车 CO_2 减排中做出了卓越的贡献。从图 41 可以看出，随着月份的增加，纯电动公路客车减排量从 2.32 万吨上升至 3.34 万吨，涨幅明显，增长率达 43.97%；而插电式混合动力公路客车减排量各月份几乎保持持平的状态。

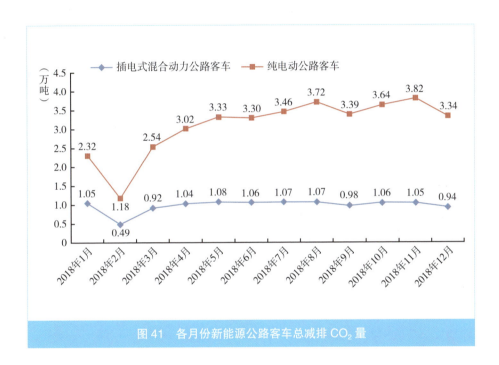

图 41 各月份新能源公路客车总减排 CO_2 量

华东地区新能源公路客车 CO_2 减排量最高，为 15.69 万吨，华中地区次之，为 13.70 万吨，华北地区最少，仅有 3.09 万吨。从图 42 可知，华东地区纯电动公路客车 CO_2 减排量达 11.36 万吨，占全国纯电动公路客车总减排量的 30.67%；其插电式混合动力公路客车减排量也是最高的，达 4.33 万吨，占全国插电式混合动力公路客车总减排量的 36.60%。华中地区纯电动公路客车与插电式混合动力公路客车减排量差异最为明显，前者比后者高 15 倍多。

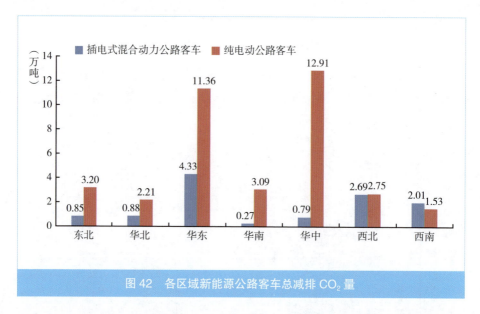

图 42　各区域新能源公路客车总减排 CO_2 量

上海市新能源公路客车总减排量最高。从图 43 可以看出，全国新能源公路客车总减排 CO_2 量城市排名 TOP10 分别为上海市、郑州市、兰州市、商丘市、重庆市、哈尔滨市、广州市、无锡市、绍兴市和黄石市，其中，上海市新能源公路客车总减排量最高，达 4.85 万吨。

七　小结与建议

各区域推广新能源公路客车类型差异明显，华中、华南地区主推纯电动公路客车。2018 年，纯电动公路客车在全国新能源公路客车录入量中占比 85.89%，插电式混合动力公路客车占比 14.11%，可见在公路客车领域，运营单位同样更青睐于纯电动客车。从区域分布来看，华中、华南地区推广纯电动公路客车的力度最大，新录入的新能源公路客车中纯电动公路客车占比均超过 94%，而西南地区比例最低，仅有 58.32%。

插电式混合动力公路客车日均行驶里程分布区间明显高于纯电动公路客车。从新能源公路客车日均行驶里程分布情况可以看出，插电式混合动力公

图 43　新能源公路客车总减排 CO_2 量城市排名 TOP10

路客车日均行驶里程最高占比分布区间为 180km < k ≤ 210km，而纯电动公路客车日均行驶里程最高占比分布区间为 120km < k ≤ 150km，二者分布区间的差异相较新能源公交车来说尤为明显，由此可知，新能源公路客车在针对长距离运输客运的需求时更加依赖于插电式混合动力客车。

新能源公路客车故障等级均主要集中于三级故障。与新能源公交车发生的故障等级主要集中于一级不同，三级故障是新能源公路客车故障等级的重灾区。从纯电动公路客车一级、二级、三级故障占比情况可知，随着月数增加，纯电动公路客车每月一级故障占比显著上升，每月三级故障占比明显下降，表现出运营单位对三级故障维修处理的重视程度较高。

B.7
2019年新能源通勤车运行
大数据研究报告

郭苑 张雷 *

摘 要： 本文基于新能源汽车国家监测与管理平台2018年1月至2018年
12月新能源通勤车的监测运行数据，整理了我国新能源通勤车的
整车运行、运营效率、车辆性能、故障和充电情况等相关数据，
分析了纯电动通勤车的车长和储电量分布、配套电池与电机、纯
电动续驶里程等平台录入情况，日均行驶里程、日均行驶时长等
运营效率情况，百公里耗电量、每公里动力成本等经济情况，各
级故障预警频次、整车故障排名和电池相关故障等安全情况，充
电起始SOC分布、充电开始时间分布、充电时长和充电次数等
使用情况，以及不同区域和不同城市新能源通勤车的节能减排效
果情况。

关键词： 纯电动通勤车 运行特征 使用习惯 故障 减排效果

一 总体情况分析

2018年共有1.3万辆新能源通勤车录入新能源汽车国家监测与管理平台，
其中纯电动通勤车录入数量占比为98.9%。从上线运行车辆来看，2018年共
有1.7万辆新能源通勤车上线（有一部分2017年录入的新能源通勤车在2018
年上线运行），其中纯电动通勤车上线数量占比为97.5%。

---

* 郭苑，硕士，中汽中心新能源汽车技术服务中心；张雷，副研究员，北京理工大学机械与
车辆学院。

（一）区域分布

华东和华南地区纯电动通勤车录入量最多，分别占比 25.2% 和 25%。如图 1 所示，按照区域分布情况，华东地区 2018 年新录入的纯电动通勤车数量最多，达到 3210 辆，占全国总量的 25.2%，华南地区 2018 年新录入的纯电动通勤车数量与华东地区相差不大，占比 25.1%，华中和华北地区录入数量分别占比 19.2% 和 15.7%。相比于其他区域 2018 年新录入新能源车辆中纯电动通勤车占比均超过 98.2% 的情况，东北地区新录入纯电动通勤车的数量占总体新能源通勤车的比例最低，为 84.4%。

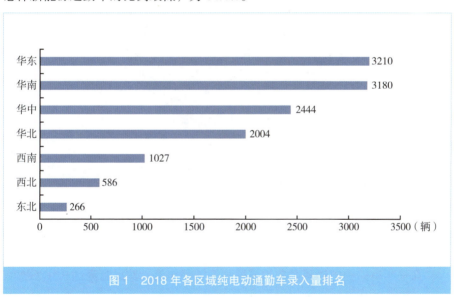

图 1　2018 年各区域纯电动通勤车录入量排名

（二）车长分布

车长 >10m 的纯电动通勤车录入量占比最高，为 53.6%，8m < 车长 ≤ 10m 的纯电动通勤车录入量为 31.7%。如图 2 所示，在 2018 年度新录入的 12727 辆纯电动通勤车中，车长 >10m 的纯电动通勤车共计 6819 辆，8m < 车长 ≤ 10m 的纯电动通勤车共计 4036 辆，6m< 车长 ≤ 8m 的纯电动通勤车共计 1871 辆。另外有 27 辆车长 >10m 的插电式混合动力通勤车，87 辆 6m < 车长

≤ 8m 和 30 辆 8m < 车长 ≤ 10m 的燃料电池通勤车在 2018 年录入新能源汽车国家监测与管理平台。

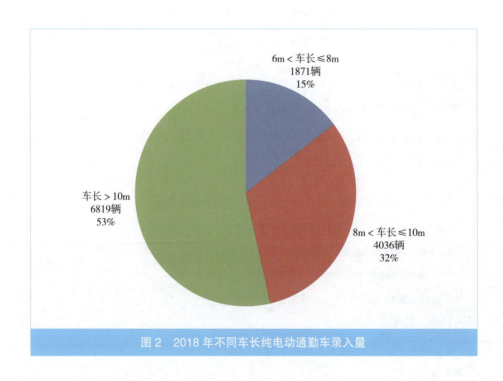

6m < 车长 ≤ 8m
1871辆
15%

车长 > 10m
6819辆
53%

8m < 车长 ≤ 10m
4036辆
32%

图 2　2018 年不同车长纯电动通勤车录入量

（三）搭载电池的材料分布

几乎所有的纯电动通勤车均搭载磷酸铁锂电池，其配套量达 0.16 GWh。如图 3 所示，从电池配套量情况来看，在 2018 年新录入新能源汽车国家监测与管理平台的纯电动通勤车中，磷酸铁锂电池配套量高达 0.16 GWh，占比 99.6%。从录入车辆数占比情况来看，共有 12635 辆搭载磷酸铁锂电池，占比 99.3%。有 43 辆纯电动通勤车搭载了三元材料电池，22 辆纯电动通勤车搭载了锰酸锂电池。

（四）搭载电池的形状分布

纯电动通勤车中搭载方形电池的车辆占比最高，其配套量为 0.098 GWh。

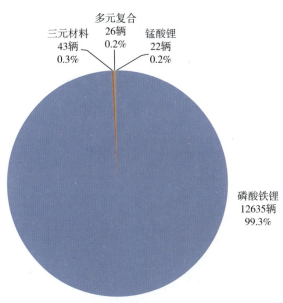

a.录入车辆数占比

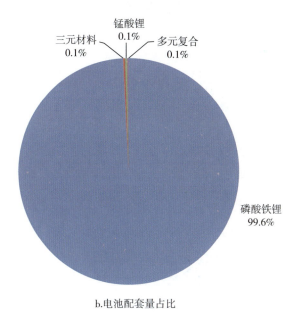

b.电池配套量占比

图 3　2018 年纯电动通勤车搭载不同电池材料的比例

如图 4 所示，2018 年新录入平台的纯电动通勤车搭载不同电池形状的车辆数占比排序，从高到低依次为方形电池 67.6%、圆柱形电池 25.2%、软包电池 7.2%。从电池配套量情况来看，在纯电动通勤车中，方形电池配套量为 0.098 GWh，占比 61.8%，圆柱形电池配套量和软包电池配套量占比分别为 29.8% 和 8.4%。

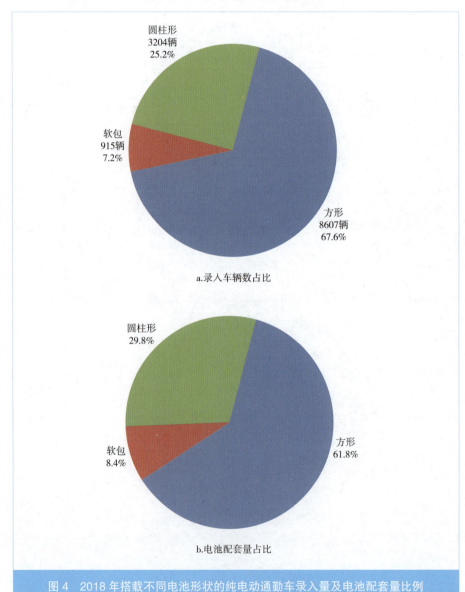

圆柱形
3204辆
25.2%

软包
915辆
7.2%

方形
8607辆
67.6%

a.录入车辆数占比

圆柱形
29.8%

软包
8.4%

方形
61.8%

b.电池配套量占比

图 4　2018 年搭载不同电池形状的纯电动通勤车录入量及电池配套量比例

（五）储电量分布

纯电动通勤车储电量（E）主要分布于 50kWh~200kWh 区间，占比 93%，其中储电量在 50 ≤ E < 100kWh 区间占比最高。从图 5 可以看出，储电量在 50 ≤ E < 100kWh 区间占比 40%，在 100 ≤ E < 150kWh 区间占比 28%。2018 年新录入平台的纯电动通勤车储电量最高为 352kWh，是比亚迪汽车工业有限公司生产的搭载方形磷酸铁锂电池的车长 > 10m 的通勤客车。

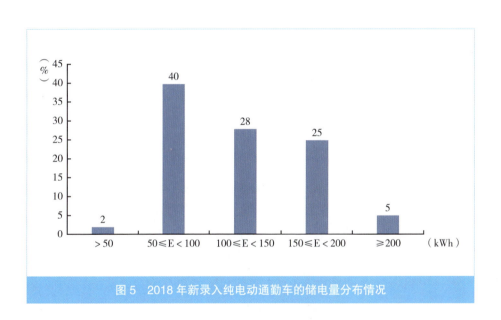

图 5　2018 年新录入纯电动通勤车的储电量分布情况

（六）等速法纯电动续驶里程分布

纯电动通勤车通过等速法汇总的纯电动续驶里程（S）在 250km~300km 区间，占比最高，达到 58%。如图 6 所示，纯电动通勤车的纯电动续驶里程分布 250 ≤ S < 300km、300 ≤ S < 350km、150 ≤ S < 250km 排序从高到低依次为 58%、27%、12%，纯电动续驶里程高于 350km 的录入量不多，占比 3%。

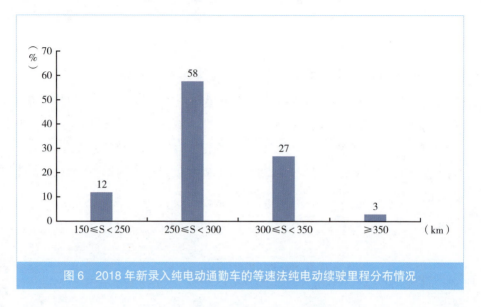

图 6　2018 年新录入纯电动通勤车的等速法纯电动续驶里程分布情况

二　上线运行情况

（一）区域分布

2018 年纯电动通勤车上线车辆数同比增长 47.7%，其中华南地区增长率最高，华北地区纯电动通勤车上线车辆数排名第一。如图 7 所示，在各区域 2018 年上线车辆数比较中，华北地区纯电动通勤车上线车辆数为 5491 辆，排名第一。各区域纯电动通勤车上线车辆数相较 2017 年均有所提升，其中，华南地区增长率最高，为 107.7%。西北地区 2017 年有 338 辆纯电动通勤车上线运行，2018 年增长率达 99.1%。华东地区上线车辆数排名第二，增长率为 59.4%。东北地区 2018 年上线车辆数最少，较 2017 年同比增长率为 20.1%。

（二）城市排名

北京市纯电动通勤车上线车辆数排名第一，占比 22.5%。如图 8 所示，北京市纯电动通勤车上线车辆数为 3707 辆，是排名第二武汉市上线数的 2.75 倍，其后依次是深圳市、上海市，上线车辆数 TOP10 城市总体占比为 56.5%。

图 7　2018 年各区域纯电动通勤车上线车辆数及较 2017 年同比增长率

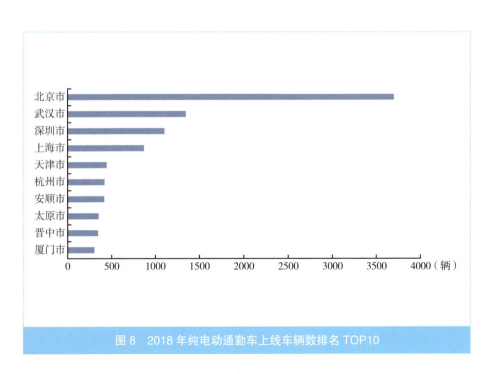

图 8　2018 年纯电动通勤车上线车辆数排名 TOP10

（三）企业排名

南京金龙客车制造有限公司生产的纯电动通勤车上线车辆数排名第一，占比 21%。如图 9 所示，南京金龙客车制造有限公司生产的纯电动通勤车上线车辆数最多，为 3495 辆，排在其后的车辆厂商依次是北汽福田汽车股份有限公司、郑州宇通客车股份有限公司，车辆厂商上线车辆数 TOP3 总体占比50%。

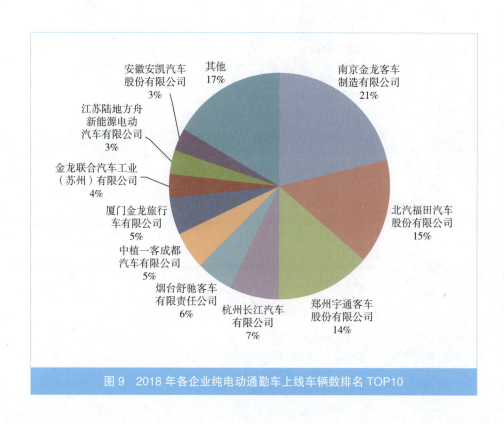

图 9 2018 年各企业纯电动通勤车上线车辆数排名 TOP10

三 运营情况

本部分主要从日均行驶里程、日均行驶时长两个方面对纯电动通勤车的整车运营效率展开分析。其中，在做各城市纯电动通勤车日均行驶里程区间分布及排名统计时，选择 2018 年每个月份均有运行数据的城市，并且为了确保一定的样本量，在统计时去掉上线车辆数小于 500 辆的城市。

（一）日均行驶里程

插电式混合动力通勤车日均行驶里程高于纯电动通勤车，2018 年上线的纯电动通勤车和插电式混合动力通勤车日均行驶里程均高于 2017 年。从表 1、图 10 可以得出，各月份插电式混合动力通勤车日均行驶里程均高于纯电动通勤车，且相较于 2017 年的日均行驶里程[①]，2018 年纯电动通勤车日均行驶里程增长 6.4%，插电式混合动力通勤车日均行驶里程增长 13.4%。

表 1　新能源通勤车 2018 年与 2017 年日均行驶里程		
		单位：km
年份　　　　　　　驱动类型	纯电动通勤车	插电式混合动力通勤车
2018	84.5	131.8
2017	79.4	116.2

纯电动通勤车日均行驶里程主要分布于 30~120km，占比超过 85%，而插电式混合动力通勤车日均行驶里程分布相对分散，其中 150~180km 区间占比最高。从图 11 可以看出，纯电动通勤车日均行驶里程集中于 30~120km，且 60~90km 区间占比最高，为 33.5%。插电式混合动力通勤车日均行驶里程在 150~180km 区间占比最高，为 25.3%，其他区间分布较为分散，2018 年上线车辆中有 57% 的插电式混合动力通勤车日均行驶里程低于 150km。

纯电动通勤车日均行驶里程排名前十的城市日均约行驶 100 公里。在 2018 年 1~12 月纯电动通勤车连续有上线车辆的城市中，去掉上线车辆数小于 500 辆的城市样本后，齐齐哈尔市的日均行驶里程排名第一，为 139km。各城

---

① 来自中国新能源汽车大数据研究报告（2018），2017 年的新能源通勤车数据由 2017 年 4 月至 2018 年 3 月的运行数据计算所得。

图 10　2018 年新能源通勤车各月份日均行驶里程

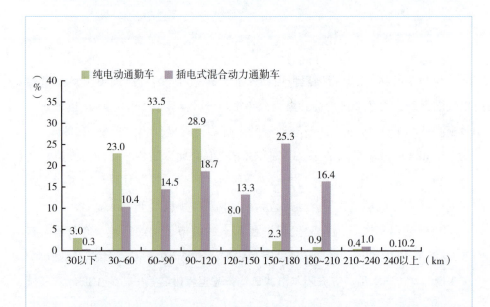

图 11　新能源通勤车日均行驶里程分布情况

市纯电动通勤车日均行驶里程排名统计如图 12 所示，选择 2018 年每个月份均有运行数据的城市，并且在统计时去掉上线车辆数小于 500 辆的城市，排名 TOP10 的城市日均行驶里程大多在 100~115km。

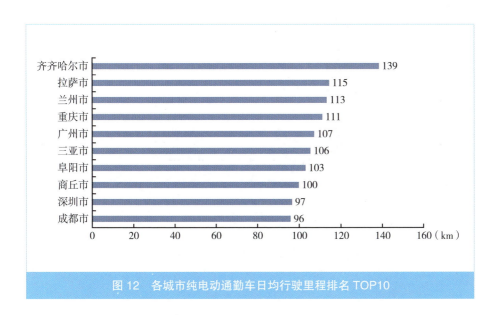

图 12　各城市纯电动通勤车日均行驶里程排名 TOP10

（二）日均行驶时长

2018 年上线运行的纯电动通勤车日均行驶时长为 8h，插电式混合动力通勤车日均行驶时长为 9.42h，较 2017 年的日均行驶时长均有显著增长。从图 13 可知，与 2017 年相比，2018 年新能源通勤车日均行驶时长呈现大幅度提升，其中，纯电动通勤车增长 172.4%，插电式混合动力通勤车增长 124.3%。从图 14 可知，各月份插电式混合动力通勤车日均行驶时长均高于纯电动通勤车 1~2h。受春节假期影响，新能源通勤车日均行驶时长在 2 月跌至全年最低。

纯电动通勤车和插电式混合动力通勤车日均行驶时长主要集中在 3~6h 区间。由图 15 可知，2018 年纯电动通勤车和插电式混合动力通勤车日均行驶时长在 3~6h 区间最高，均超过 50%。

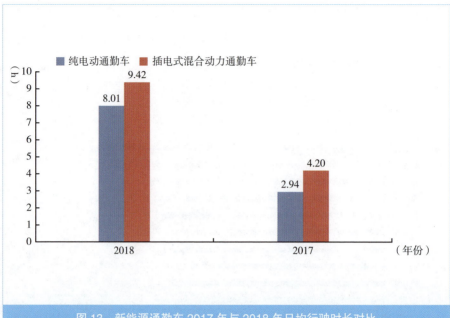

图 13　新能源通勤车 2017 年与 2018 年日均行驶时长对比

图 14　新能源通勤车各月份日均行驶时长

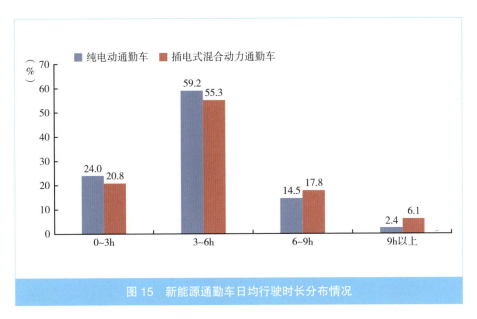

图 15　新能源通勤车日均行驶时长分布情况

四　经济性

纯电动通勤车的百公里耗电量是分析整车运营的重要经济性指标，本部分分别从不同区域、不同季节、不同质量等影响因素分析纯电动通勤车的百公里耗电量，并选择各区域典型城市北京市、武汉市、上海市、深圳市、成都市、银川市进行每公里动力成本分析，为相关研究提供参考值。

（一）不同区域纯电动通勤车百公里耗电量

东北、西北地区纯电动通勤车百公里耗电量最高，西南、华北地区纯电动通勤车百公里耗电量最低。从图 16 可知，各区域纯电动通勤车百公里耗电量均超过 50kWh，其中东北、西北地区达 67.2kWh，其次为相差不大的华东、华南和华中地区，华北和西南地区纯电动通勤车百公里耗电量最低，为 57kWh 左右。

冬季纯电动通勤车百公里耗电量普遍较高。从图 17 可知，随着月份的变化，各区域纯电动通勤车百公里耗电量存在随季节波动的情况，在冬季车辆耗电量明显呈上升趋势，可能受冬季纯电动通勤车高负荷使用空调的影响。

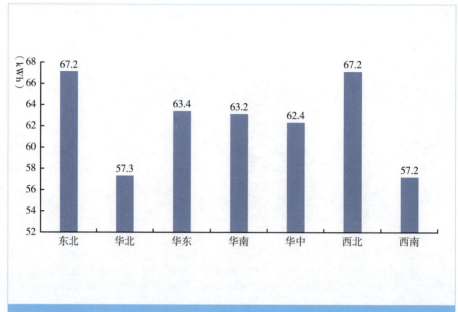

图 16　2018 年不同区域纯电动通勤车百公里耗电量

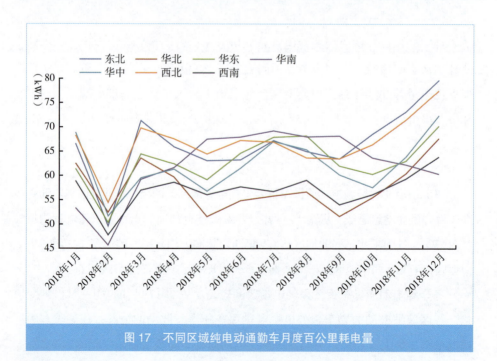

图 17　不同区域纯电动通勤车月度百公里耗电量

（二）不同质量纯电动通勤车百公里耗电量

纯电动通勤车百公里耗电量与整车总质量正相关。从图 18 可知，区分不同纯电动通勤车整车总质量，其百公里耗电量呈现较大的梯次变化，相关度高。当整车 14 吨 < 总质量 ≤ 18 吨时，纯电动通勤车百公里耗电量达到了 76.38kWh，而整车总质量 ≤ 6 吨时，纯电动通勤车百公里耗电量仅有31.52kWh，差异明显。图 19 的对比数据表明，2018 年不同质量的纯电动通勤车百公里耗电量相较于 2017 年，基本持平或有所下降。

城市商业（非居民）用电价格对纯电动通勤车使用经济性影响较大。从图 20 分析可知，西北地区的代表城市银川市的纯电动通勤车百公里耗电量在所选典型城市中最高，达到 69.8kWh，而银川市商业（非居民）电价相对较低，每度电仅有 0.67 元，因而利用公式计算后，其纯电动通勤车每公里动力成本为 0.47 元，低于商业（非居民）电价高达 0.98 元的武汉市和商业（非居民）电价 0.95 元的北京市。①

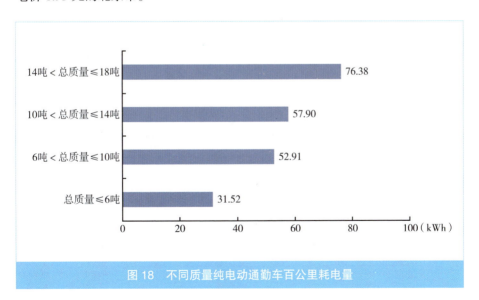

图 18　不同质量纯电动通勤车百公里耗电量

---

①　纯电动通勤车每公里动力成本 = 百公里耗电量 /100 × 城市商业用电价格。

图 19 不同质量纯电动通勤车 2017 年与 2018 年百公里耗电量对比

图 20 典型城市纯电动通勤车百公里耗电量及每公里动力成本

（三）里程衰减

选取 2016 年底新上线相同车辆型号的某款典型车型，根据公告标称等速里程与上线一年、两年的 100%SOC 实际行驶里程对比，分析 2018 年和 2017 年运行车型的里程衰减情况，可以大致还原纯电动通勤车用户在满电行驶里程方面的使用体验。如图 21 所示，同一车辆型号的纯电动勤车 A 车和 B 车分别在山西省和江苏省内运行，经统计，上述两辆纯电动通勤车在 2018 年的里程衰减率都高于 2017 年，其中在江苏省运行的 B 车 2018 年里程衰减率高于在山西省运行的 A 车。由于车辆筛选样例分析数据有限，无法选取温度显著差异地区来比较环境与里程衰减的关系。

图 21　同一牌照的新能源通勤车典型车型 2017 年和 2018 年里程衰减率

五　车辆故障信息分析

2018 年纯电动通勤车各月故障车辆数较多，冬夏两季出现波峰，而 9 月和 10 月故障车辆数连续下降。2018 年纯电动通勤车故障车辆数累计 32932 辆。从图 22 可以看出，冬夏两季出现波峰，并且 11 月和 12 月纯电动通勤车的故障车辆数明显上升，分别达到 4280 辆和 4086 辆。通常情况下，温度较高会对电池安全性产生一定影响，可能出现电池高温、热失控等故障；而冬季气温较低的环境条件也会影响电池性能，使纯电动通勤车的故障车辆数上升。

图 22　2018 年各月份纯电动通勤车故障车辆数

　　纯电动通勤车故障等级主要集中于一级故障。如图 23 所示，2018 年纯电动通勤车一级、二级、三级故障帧数占比分别为 75%、16%、9%，其故障等级主要集中于一级故障，从一定程度上反映出纯电动通勤车的故障阈值设置较为合理，运营方管理也相对比较到位。从图 24 可以看出，全年中 8 月和 1 月为三级故障占比较高的两个月，即全年温度最高和最低的两个月，提示运营方在温度极高和极低的时间要高度重视定期检修，保障运营安全。

　　SOC 过高是纯电动通勤车故障的最主要原因，单体电池过压是插电式混合动力通勤车故障的最主要原因。从图 25 可知，SOC 过高在纯电动通勤车故障的占比达 18.3%，可能是由充电环节导致。从图 26 可知，单体电池过压是插电式混合动力通勤车故障的最主要原因，其占比为 11.2%，而 SOC 过高也是其出现故障的主要原因，其占比达 10.6%。

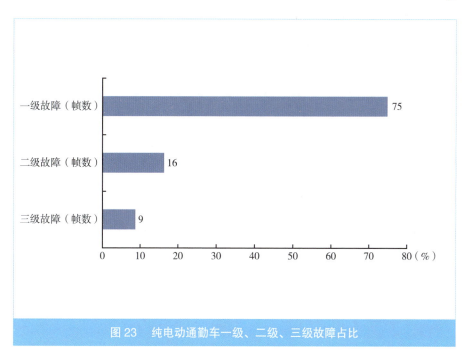

图 23　纯电动通勤车一级、二级、三级故障占比

图 24　纯电动通勤车一级、二级、三级故障月度占比

图 25　纯电动通勤车各项故障占比排名 TOP10

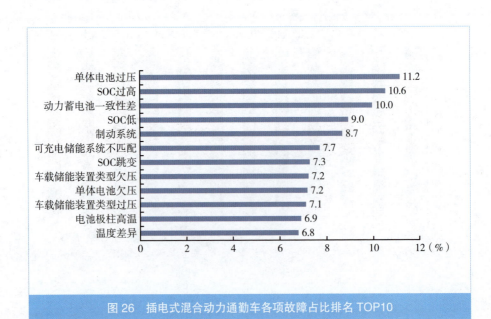

图 26　插电式混合动力通勤车各项故障占比排名 TOP10

采用磷酸铁锂动力电池的纯电动通勤车，制动系统故障为主要故障来源，占比 31.2%。动力电池对新能源汽车的产品安全和性能提升具有重要意义，目前几乎所有的纯电动通勤车均搭载磷酸铁锂电池纯电动通勤车，于是以采用磷酸铁锂动力电池的纯电动通勤车为样本，分析其 TOP5 故障排名情况，结果如图 27 所示。采用磷酸铁锂动力电池的纯电动通勤车，制动系统故障为主要故障来源，其次是动力蓄电池一致性差和单体电池过压，TOP5 故障量占采用磷酸铁锂动力电池的纯电动通勤车总故障量的 71.5%。单体电池欠压、车载储能装置类型过压、电池极柱高温、温度差异、车载储能装置类型欠压、车载储能装置类型过充、SOC 跳变等与储能材料相关的故障来源占比分别为5.4%、4.0%、2.9%、2.8%、2.2%、1.4%、1.0%。

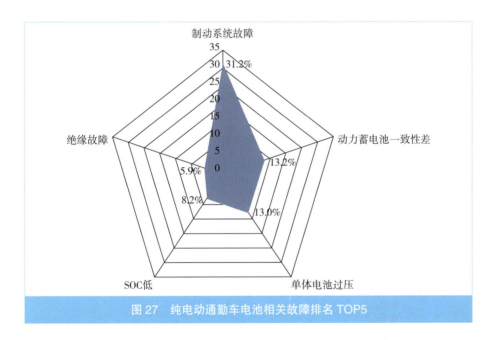

图 27　纯电动通勤车电池相关故障排名 TOP5

六　充电使用情况

新能源通勤车充电使用习惯主要从车辆总充电量、充电开始 SOC 分布、充电开始时间分布、充电时长、充电次数、单次充电量等方面进行分析，全面展现新能源通勤车的充电情况。

2018 年新能源通勤车累计充电量为 9.62GWh，其中绝大多数的充电车辆是纯电动通勤车，累计充电量为 9.61GWh。北京市的纯电动通勤车充电量最多，为 2.13GWh。图 28 展示的是不同城市的纯电动通勤车充电量排名，其中北京市的纯电动通勤车充电量最多，占所有城市的总充电量比例为 22.2%。

图 28　2018 年各城市纯电动通勤车充电量排名 TOP10

（一）充电开始SOC分布

纯电动通勤车充电开始 SOC 主要分布于 30%~90%，插电式混合动力通勤车集中分布于 40%~70%。从图 29 可知，纯电动通勤车在 30%~80% 的每个充电开始 SOC 区间内分布占比差距不大，占比均在 10%~20% 区间。纯电动通勤车的行驶路线、可选择的充电桩均比较固定，充电较为便利，所以出现低电量补电情况较少，充电开始 SOC 值低于 40% 的区间占比约 16.1%。

插电式混合动力通勤车的充电开始 SOC 值在 50%~60% 区间占比高达

43.4%，SOC 值在 40%~50% 区间占比 27.9%，SOC 值在 60%~70% 区间占比 16.9%，远高于其他 SOC 区间的占比。

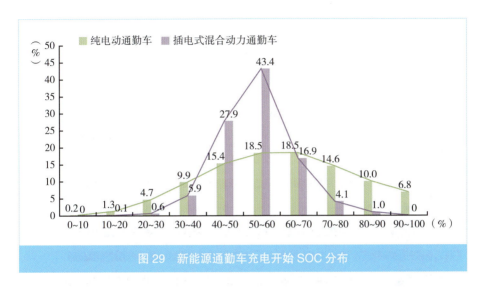

图 29　新能源通勤车充电开始 SOC 分布

从图 30 可知，不同区域纯电动通勤车的充电开始 SOC 值分布趋势大致相同，而东北地区纯电动通勤车可能出于气温偏低等原因，充电开始 SOC 低于 30% 的占比为 20.4%，明显高于其他区域。

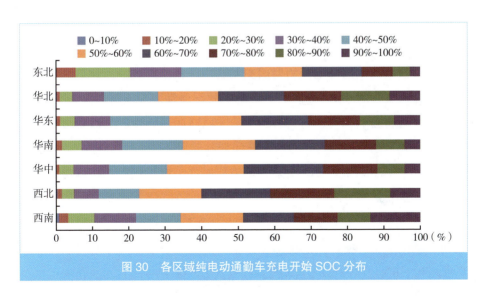

图 30　各区域纯电动通勤车充电开始 SOC 分布

如图 31 所示，东北地区插电式混合动力通勤车的充电开始 SOC 值集中在 30%~70%，较其他区域分布更均匀。华北和华南地区充电开始 SOC 均集中在 50%~60%，分别占比 79.7% 和 58.5%。西北地区充电开始 SOC 值在 40%~50% 区间最多，占比 53.5%。与其他区域不同，西南地区充电开始 SOC 值较高，集中在 70%~90%。

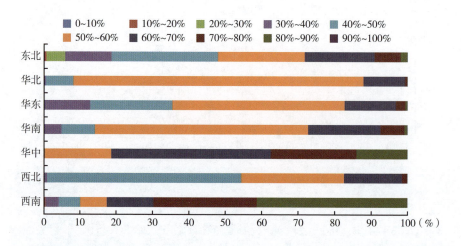

图 31　各区域插电式混合动力通勤车充电开始 SOC 分布

（二）充电开始时间

　　新能源通勤车的充电开始时间主要集中于工作时间，另外，纯电动通勤车低谷时段充电占比 19.0%，高于插电式混合动力通勤车。根据图 32 展现的纯电动和插电式混合动力通勤车的充电时间分布情况，白天高峰时段（6:00~21:00）充电占比均明显高于晚间低谷时段（22:00~5:00）。纯电动通勤车的充电开始时间在 8:00~9:00 区间占比最高，为 9.5%；插电式混合动力通勤车的充电开始时间在 6:00~7:00、7:00~8:00 区间占比均在 10% 及以上，并且在 16:00~17:00、17:00~18:00 区间的充电开始时间占比上升至 7.5% 和 7.4%，总体来说，插电式混合动力通勤车的充电开始时间峰值出现在上班早高峰和下班晚高峰时段。针对 22:00 至次日 5:00 的充电情况，由于纯电动通勤车带电量大，充电时间长，在低谷时段充电占比 19.0%，高于插电式混合动力通勤车，低谷时段的充电经济性明显。

从图 33 可以看出，各区域纯电动通勤车的开始充电时间分布趋势大致相同，白天高峰时段的充电开始时间集中在 8:00~9:00，而东北和西北地区的纯电动通勤车在 22:00~23:00 时段充电的占比明显高于其他区域，比例分别为 25.9% 和 9.7%。

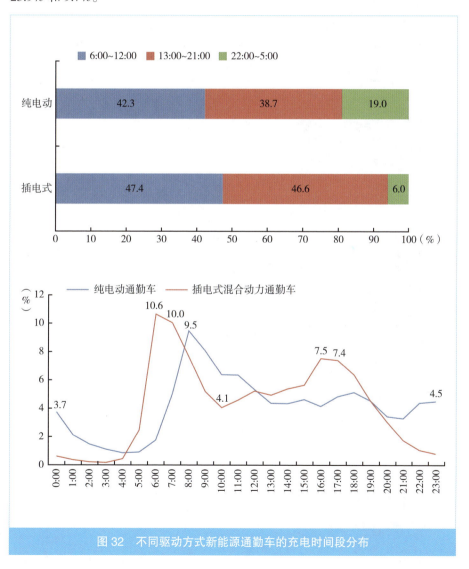

图 32　不同驱动方式新能源通勤车的充电时间段分布

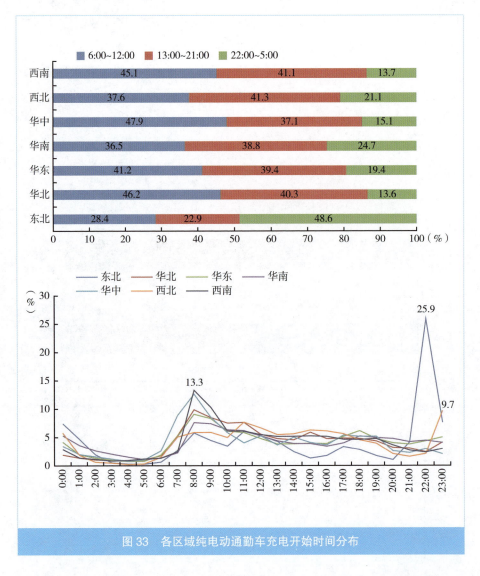

图33　各区域纯电动通勤车充电开始时间分布

（三）充电时长

2018 年纯电动通勤车日均充电时长高于插电式混合动力通勤车，纯电动通勤车的日均充电时长为 1.82h，插电式混合动力通勤车日均充电时长为 0.41h。从图34 可以看出，纯电动通勤车日均充电时长随月份波动不大。从

图 35 可知，东北地区纯电动通勤车日均充电时长最长，为 2.38h，华中地区的纯电动通勤车日均充电时长最短，为 1.49h。华东地区插电式混合动力通勤车的日均充电时长最长，为 0.99h。

图 34　新能源通勤车单车日均充电时长

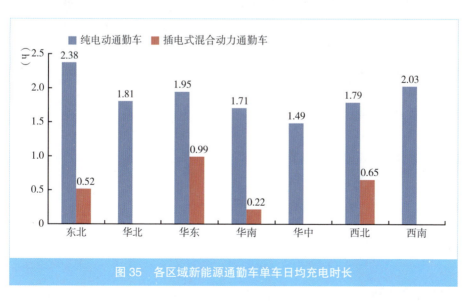

图 35　各区域新能源通勤车单车日均充电时长

（四）充电次数

2018 年纯电动通勤车日均充电次数随月份变化不大，8 月插电式混合动力通勤车的日均充电次数最高。 纯电动通勤车单车日均充电次数为 1.75 次，插电式混合动力通勤车的单车日均充电次数为 1.27 次。从图 36 可以看出，纯电动通勤车日均充电次数随月份变化不大，平均在 1.5~2 次。插电式混合动力通勤车 8 月的日均充电次数最多。从图 37 可知，西北地区的纯电动通勤车日均充电次数最多，为 2.38 次，华中地区的纯电动通勤车日均充电次数最少，为 1.49 次，西北和东北地区的插电式混合动力通勤车日均充电次数较多。

图 36　新能源通勤车单车日均充电次数

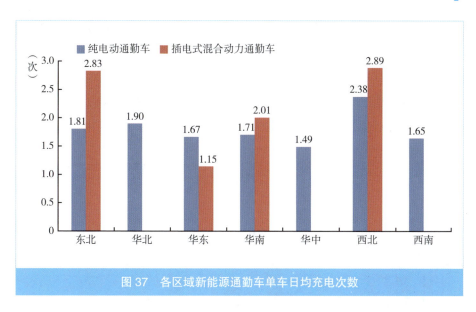

图 37　各区域新能源通勤车单车日均充电次数

（五）单次充电量

2018 年纯电动通勤车的单次充电量为 41.1kWh，插电式混合动力通勤车单次充电量主要集中在 4 月、5 月和 6 月。从图 38 可知，纯电动通勤车单车

图 38　各月份新能源通勤车的单次充电量

单次充电量的月度分布较为均匀，而插电式混合动力通勤车的单次充电量主要集中在4月、5月和6月，其中6月的单次充电量最多，为62kWh。由图39可知，从区域角度分析，东北地区的纯电动通勤车单次充电量最多，为50kWh，西南地区的纯电动通勤车单次充电量最少，为35.1kWh；华东地区插电式混合动力通勤车的单次充电量最多，为50.98kWh（单次充电量＝累计充电量／累计充电次数）。

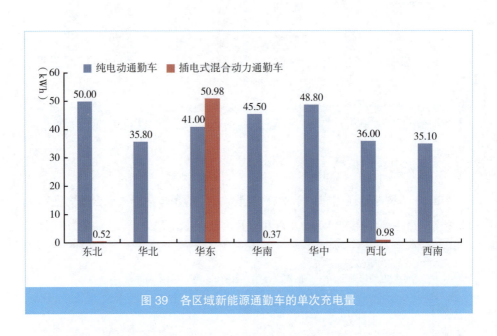

图39　各区域新能源通勤车的单次充电量

2018年纯电动通勤车的平均单车单次充电量为76.7kWh，插电式混合动力通勤车的单车单次充电量为35.7kWh。从图40可知，纯电动通勤车单车单次充电量的月度分布较为均匀，而插电式混合动力通勤车的单车单次充电量主要集中在3月、4月、5月和6月，其中6月的单车单次充电量最多，为75.8kWh。从图41可知，东北地区的纯电动通勤车单车单次充电量最多，为92.2kWh，西南地区的纯电动通勤车单车单次充电量最少，为69.6kWh；华东地区插电式混合动力通勤车的单车单次充电量为60.8kWh（单车单次充电量＝累计充电量／累计充电度数车辆次数）。

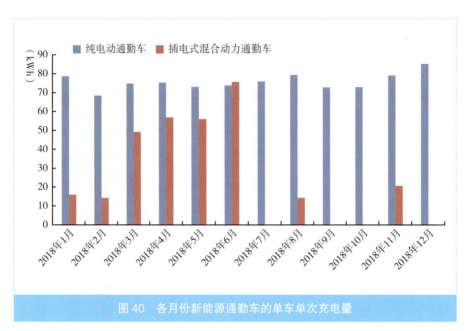

图 40　各月份新能源通勤车的单车单次充电量

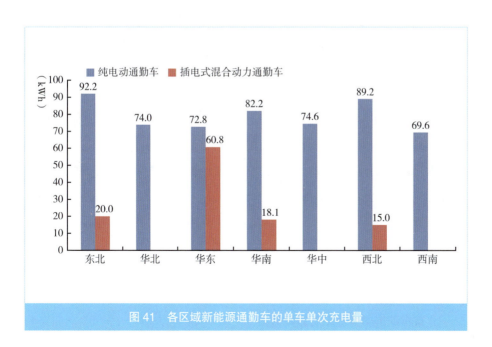

图 41　各区域新能源通勤车的单车单次充电量

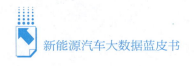
七 节能减排情况

2018 年全年接入平台的纯电动通勤车累计行驶 14752.4 万公里，累计节油 5896.2 万升，累计减排 13.9 万吨。从图 42 可以看出，2018 年 11 月纯电动通勤车减排 CO_2 量最高，为 1.88 万吨。

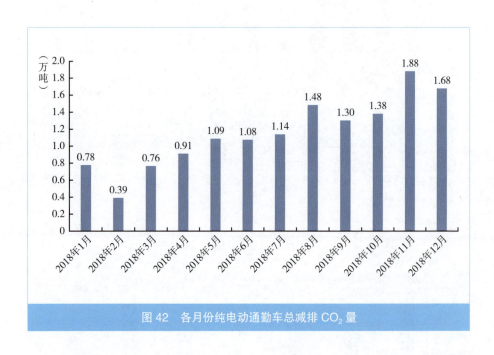

图 42 各月份纯电动通勤车总减排 CO_2 量

华北和华东地区纯电动通勤车 CO_2 减排量最高，分别为 3.53 万吨和 3.52 万吨，华南地区次之，减排量为 2.37 万吨，且华南地区的插电式混合动力通勤车 CO_2 减排量最高，为 0.35 万吨。从图 43 可知，华北和华东地区纯电动通勤车 CO_2 减排量之和达到 7.05 万吨，占全国纯电动通勤车总减排量的 50.8%；华南地区的插电式混合动力通勤车减排量最高，占全国插电式混合动力通勤车总减排量的 63.6%。

北京市新能源通勤车总减排量最高。从图 44 可以看出，全国新能源通勤

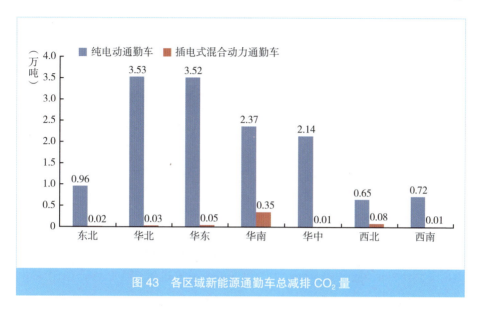

图 43　各区域新能源通勤车总减排 CO_2 量

车总减排 CO_2 量按照城市排名最高的是北京市，为 2.62 万吨，是排名第二的武汉市新能源通勤车总减排 CO_2 量的 2.13 倍，之后为上海市和深圳市，其中，深圳市的插电式混合动力通勤车减排 CO_2 量最高，达到 0.32 万吨。

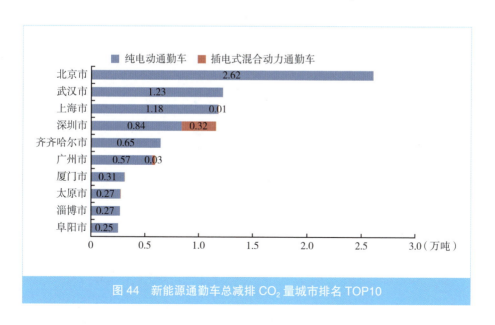

图 44　新能源通勤车总减排 CO_2 量城市排名 TOP10

八　小结与建议

从 2018 年录入新能源汽车国家监测与管理平台的新能源通勤车情况来看，98.9% 是纯电动通勤车，几乎所有的纯电动通勤车均搭载磷酸铁锂电池，其中搭载方形电池的纯电动通勤车占比最高。纯电动通勤车的标称等速行驶里程均在 150km 以上，主要集中在 250~300km 区间，目前纯电动通勤车的日均行驶里程约为 85km，可满足日常通勤需求。

纯电动通勤车日均行驶时长为 8h，插电式混合动力通勤车日均行驶时长为 9.42h，较 2017 年的日均行驶时长均有显著增长。纯电动通勤车的日均充电时长为 1.82h，插电式混合动力通勤车的日均充电时长为 0.41h。由于纯电动通勤车带电量大，充电时间长，在低谷时段充电占比为 19.0%，高于插电式混合动力通勤车，低谷时段的充电经济性明显。

纯电动通勤车故障等级主要集中于一级故障，占比 75%。2018 年全年的 8 月和 1 月为三级故障占比最高的两个月，即全年温度最高和最低的两个月，提示运营方在温度极高和极低的时间要高度重视定期检修，保障运营安全。

典型城市纯电动通勤车的节能减排效果显著，北京市新能源通勤车的减排量最高，为 2.62 万吨。结合纯电动通勤车的等速续航里程指标的不断提升，未来通勤车领域绿色电动化趋势将会愈加显著。

B.8

2019 年新能源物流车运行大数据研究报告

刘建春　武进壮 *

摘　要：　本文基于新能源汽车国家监测与管理平台 2018 年 1 月至 2018 年
　　　　　12 月新能源物流车运行的相关运行数据，通过分析我国新能源
　　　　　物流车的录入及上线情况，日均行驶里程、百公里耗电量、故障
　　　　　分布等整车运行情况，充电起始 SOC 分布、充电时长、充电次
　　　　　数等使用情况，分析我国新能源物流车的整车运行特征、用户使
　　　　　用习惯、节能减排效果以及使用经济性等。

关键词：　新能源物流车　运行特征　使用习惯　故障分布　节能减排

一　车辆录入与上线情况

（一）平台录入情况

华东地区新能源物流车推广范围最广，车辆录入数量最多；华南地区新能源物流车推广城市集中度高。如图 1 所示，2018 年全国新能源物流车累计录入 164000 辆，其中纯电动物流车 163380 辆，占比 99.6%；燃料电池物流车 620 辆，占比 0.4%。从区域分布来看，华东地区 2018 年新录入新能源物流车数量最多，达到 46086 辆，占全国总量的 28.1%，录入城市达 72 个；华南地区位居次席，新录入车辆数量为 42969 辆，占全国总量的 26.2%，主要集中分布在深圳、广州、海口、惠州等 13 个城市；相比其他区域，东北

---

*　刘建春，工学硕士，中汽中心新能源汽车技术服务中心；武进壮，硕士，新能源汽车国家大数据联盟。

地区录入数量最低,仅有 925 辆,主要分布在大连、哈尔滨、沈阳等 5 个城市。

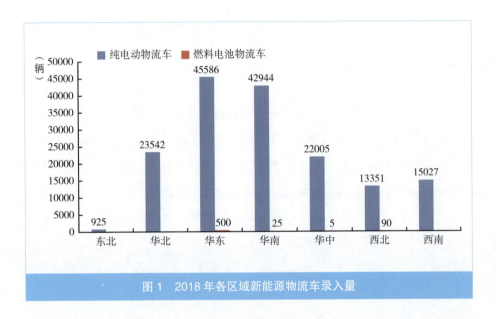

图 1　2018 年各区域新能源物流车录入量

深圳市新能源物流车录入量高居全国之首。如图 2 所示,2018 年深圳市推广录入新能源物流车 30202 辆,占全国新能源物流车全年总录入量的

图 2　2018 年各城市新能源物流车录入量排名 TOP10

18.4%，是新能源物流车重点示范推广城市。此外，2018 年西安、天津、成都等重点物流城市也有大量新增车辆录入。

纯电动物流车主要搭载三元电池及磷酸铁锂电池。如图 3 所示，在 2018 年新录入的纯电动物流车中，共有 119248 辆车搭载三元电池，占比 73.0%；34934 辆搭载磷酸铁锂电池，占比 21.4%；9171 辆搭载锰酸锂电池，占比 5.6%，另有 26 辆纯电动物流车搭载了富锂锰基电池。

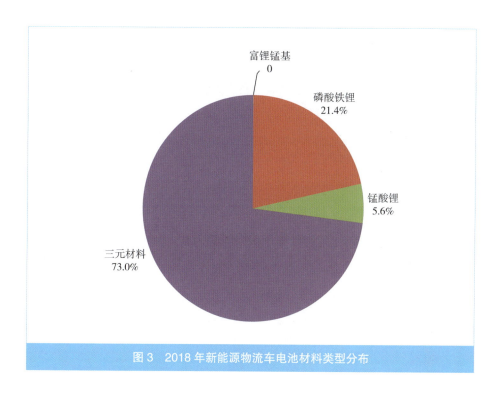

图 3　2018 年新能源物流车电池材料类型分布

纯电动物流车中搭载圆柱形电池的车辆占比最高。如图 4 所示，纯电动物流车搭载不同的电池类型占比从高到低依次为圆柱形电池 57.1%、方形电池 25.9%、软包电池 17%。

（二）车辆上线情况

华东地区新能源物流车运行城市及运行车辆数量均为最多，华南地区新能

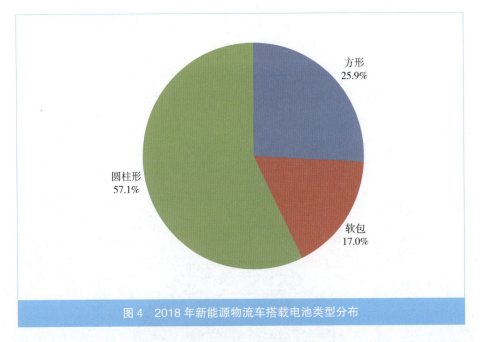

图4　2018年新能源物流车搭载电池类型分布

源物流车运行主要分布在几个典型城市。如图5所示，2018年全国新能源物流车上线车辆数总计162443辆，其中，纯电动物流车上线车辆数为161873辆，占比99.6%，燃料电池物流车上线车辆数为570辆，占比0.4%。分区域

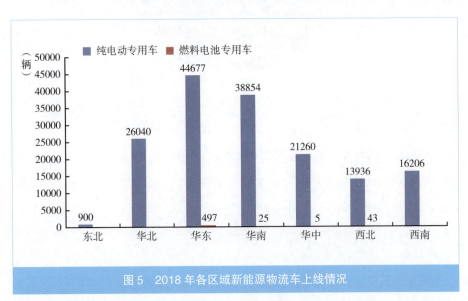

图5　2018年各区域新能源物流车上线情况

来看，华东地区纯电动物流车和燃料电池物流车上线车辆数均排名第一，各区域新能源物流车车辆上线数较 2017 年均有大幅提升。

深圳市纯电动物流车上线车辆数排名第一，上海市为燃料电池物流车最大规模运行城市。从图 6、图 7 可以看出，西安、北京、成都、天津等城市纯电动物流车辆已经形成较大的运行规模。此外，2018 年上海、西安、佛山、十

图 6　2018 年各城市纯电动物流车上线车辆数排名 TOP10

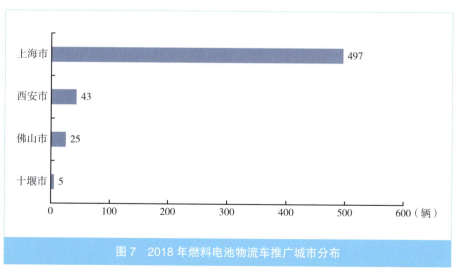

图 7　2018 年燃料电池物流车推广城市分布

堰四个城市开始出现燃料电池物流车运行。当前，部分地方政府围绕绿色货运配送示范推广积极出台了一系列配套政策，路权优势是当前电动物流车在终端被接受的重要决定因素，有效促进了城市物流车辆电动化进程。

二 整车运行特征

本部分主要从日均行驶里程、日均行驶时长等方面分析整车运行特征。其中，评估各城市指标时选取具备一定运行规模（上线车辆数大于2000辆）的城市进行统计分析。

（一）日均行驶里程

2018年纯电动物流车日均行驶里程为70.3公里，80%以上日均行驶里程处于90公里以内。 从图8可以看出，纯电动物流车各月份日均行驶里程普遍位于60~80km，年日均行驶70.3公里；其中，2018年2月受春节放假影响，日均行驶里程为全年最低，只有51.7km。从全年来看，下半年比上半年平均出行里程高出约10km。

图8 2018年各月份纯电动物流车日均行驶里程

从图 9 可以看出，2018 年纯电动物流车日均行驶里程基本集中于 30~120km，其中 60~90km 区间占比最高，达到 45%；30~60km 区间占比为 33%；90~120km 区间占比为 15%。受限于纯电动物流车的续驶里程，目前国内纯电动物流车主要应用场景为配送中心站至二级配送网点，较少进行跨区域运行，因此 80% 以上车辆出行日均行驶里程处于 90km 以内，日均行驶里程处于 60km 以下的运行占比为 36%。

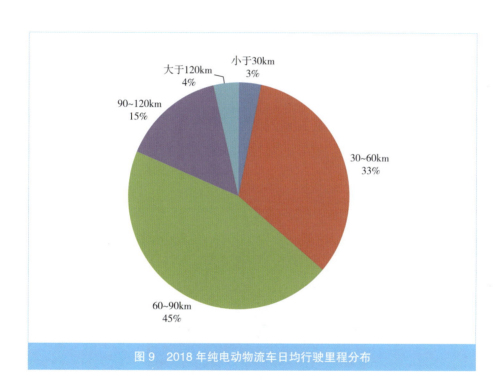

图 9　2018 年纯电动物流车日均行驶里程分布

从图 10 可知，2018 年日均行驶里程排名 TOP10 城市（选取年上线车辆数大于 2000 辆的城市）多为如成都、武汉、襄阳、深圳、上海、广州等大型物流城市。

（二）日均行驶时长

纯电动物流车日均行驶时长为 4.9 小时。与 2017 年相比，2018 年新能源物流车日均行驶时长大幅提升，如图 11 所示，超过 70% 的车辆出行日均

图 10　各城市纯电动物流车日均行驶里程排名 TOP10

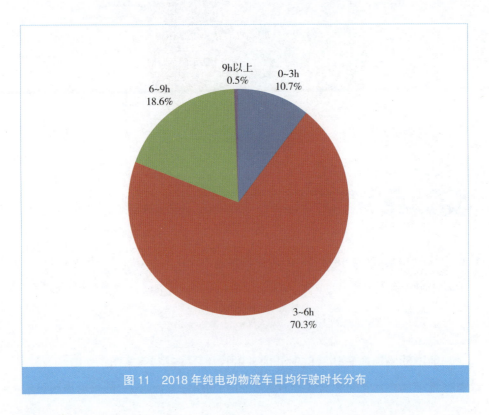

图 11　2018 年纯电动物流车日均行驶时长分布

行驶时长为 3~6h，日均行驶时长为 6~9h、0~3h 的出行占比分别为 18.6% 和 10.7%，只有 0.5% 的车辆出行日均行驶时长超过 9h。与快速发展的物流行业相比，日均 4.9 小时的工作时间显然与使用要求有一定差距，面对快速增长的市场和应用场景的拓展，纯电动物流车的续驶里程有提升的需求，同时由于物流车载重需求的特征，通过适当增加电量且通过整车轻量化来提升续驶里程，达到最经济的电量配比则更为重要。

如图 12 所示，纯电动物流车各月份日均行驶时长普遍位于 4~5h。其中，2018 年 2 月受春节放假影响，日均行驶时长为全年最低。从全年来看，下半年比上半年平均出行时长要高出 0.5h。

图 12 2018 年各月份纯电动物流车日均行驶时长

三 充电特征

本部分主要从车辆充电开始时间、充电开始 SOC、充电量、充电时长、充电频次等方面进行分析，全面展现新能源物流车充电特征及用户使用习惯等情况。

（一）充电开始时间

纯电动物流车开始充电时间在全天之中分配比较平均。如图 13 所示，纯电动物流车白天每个时间点充电车次占比为 3%~5%；其中，充电最为集中的时间段为 16 点至 20 点，并在 17 点至 18 点达到最高峰 8%，目前国内纯电动物流车主要应用于城市内网快递服务，运行路线主要是城市一级（或中心）站点至二级配送站，线路相对固定，也便于配备充电设施，因此开始充电时间分布较为平均。

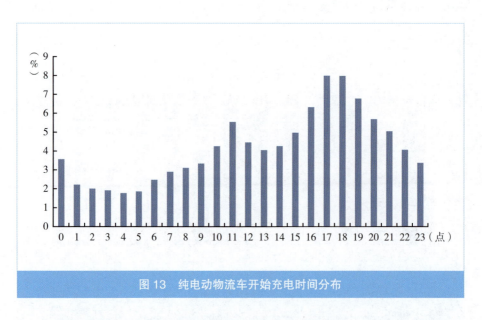

图 13　纯电动物流车开始充电时间分布

纯电动物流专用车低谷充电时段充电需求旺盛。物流车较其他车型更关注运行成本，在汽油价格上涨时期，采用纯电动物流车低谷充电的经济性日趋明显。如图 14 所示，纯电动物流车 22 点至 5 点低谷充电占比总体呈现上升趋势，全年维持在 20% 左右。

（二）充电开始SOC

纯电动物流车通常在高 SOC 时补充电量。由于物流车普遍为点对点的运

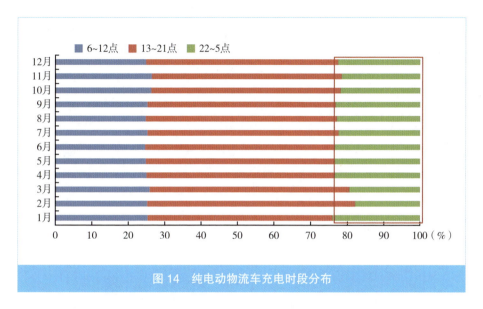

图 14　纯电动物流车充电时段分布

行线路，充电比较便利，纯电动物流车通常在高 SOC 时补充电量。如图 15 所示，SOC 处于 40% 及以上时开始充电的次数占比为 73%，SOC 处于 60% 及以上时开始充电的次数占比为 43%。由于纯电动物流车以经济用途为主，为保

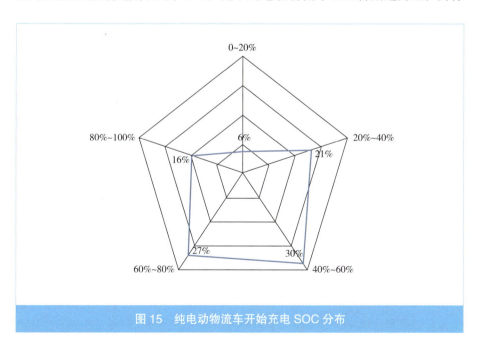

图 15　纯电动物流车开始充电 SOC 分布

证运营效率，纯电动物流车在 SOC 降至 20% 及以下时开始充电的情形较少，仅占 6%。

（三）充电量

2018 年纯电动物流车单次平均充电量为 27.5kWh。如图 16 所示，从全年来看，下半年比上半年单次平均充电量整体高 5kWh，这与全年出行里程分布特征基本一致。

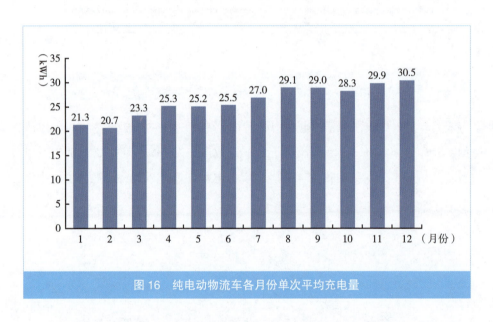

图 16 纯电动物流车各月份单次平均充电量

低温环境下单次充电量大幅减少。由于物流车充电条件相对便利，相比其他用途车辆，充电焦虑可有效缓解，故单次平均充电量较低。如图 17 所示，全年约 70% 的情景单次充电量低于 30kWh；尤其在冬季低温条件下（如 1~3 月）电池活性降低，导致充电较慢，同等时间内充电量明显减少，多数时候充电量不足 20kWh。

1.单车月均充电量

纯电动物流车月均充电量为 296kWh。如图 18 所示，2018 年纯电动物流车各月份单车月均充电量存在一定差异，但与全年出行特征保持一致；2 月出

图 17　纯电动物流车各月份单次充电量分布

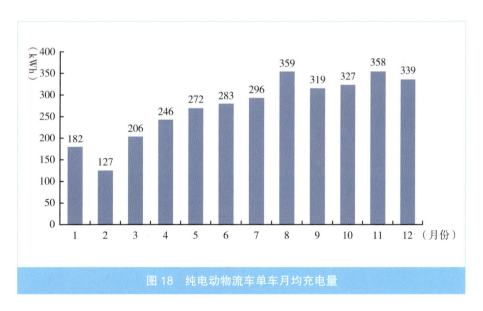

图 18　纯电动物流车单车月均充电量

于低温及春节假期原因，单车月均充电量也明显低于其他月份。

2.城市年度总充电量

城市总充电量与车辆推广运行规模正相关。如图 19 所示，2018 年深圳市、成都市、西安市新能源物流车累计充电量位居前三。充电热力较强区域主要集中在新能源物流车重点推广城市，深圳、成都、西安、襄阳、北京、天津、广州、上海、武汉、郑州位于新能源物流车推广城市前十大行列；上述地区基本是国内经济较为发达地区或具有区域中心城市的地位，有较大的贸易交易量和物流流转需求，车辆运行里程、运行时长均较高，充电需求较大。同时，以上城市充电设施布局量位居国内前列，为新能源物流车的大规模推广应用提供了良好的基础环境。

图 19　新能源物流车总充电量城市排名 TOP10

（四）充电时长

1.日均充电时长

2018 年纯电动物流车日均充电时长为 4.1 小时。从图 20 可以看出，纯电动物流车日均充电时长随季节存在一定的波动性，冬、夏两季日均充电时长较春、秋两季略长；其中，1 月日均充电时长最长，达 4.6h，其他月份日均充电时长相对稳定。

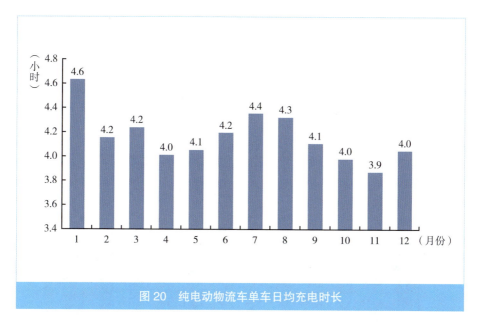

图 20　纯电动物流车单车日均充电时长

从日均充电时长分布来看，纯电动物流车日均充电时长主要集中分布在 2~6h，充电时间低于 2h 的比例不足 10%，如图 21 所示，可见多数车辆充电均使用交流慢充，尤其在低温季节慢充使用比例更高。

图 21　纯电动物流车单车日均充电时长分布

2.单次充电时长

2018 年纯电动物流车单车单次平均充电时长为 1.95 小时。如图 22 所示，纯电动物流车各月份单次充电时长基本维持在 2 小时左右。2 月出于低温及春节假期原因，单次充电时间较短，相应充电量也明显低于其他月份。

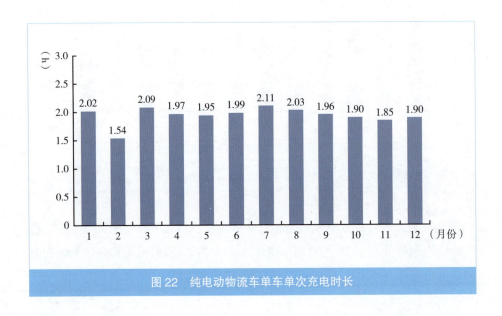

图 22　纯电动物流车单车单次充电时长

（五）充电频次

2018 年纯电动物流车单车日均充电次数为 2.1 次。纯电动物流车充电频率相对稳定，多为一天两充。如图 23 所示，2 月纯电动物流车日均充电次数最多，为 2.7 次，其他月份日均充电次数为 2.0~2.3 次。

四　车辆故障情况

2018 年新能源物流车故障累计 457693 车次，其中，纯电动物流车 456433 车次，占比 99.7%。从图 24 可以看出，夏季 7、8 月车辆故障率明显上升，超过 50% 车辆均发生过故障。

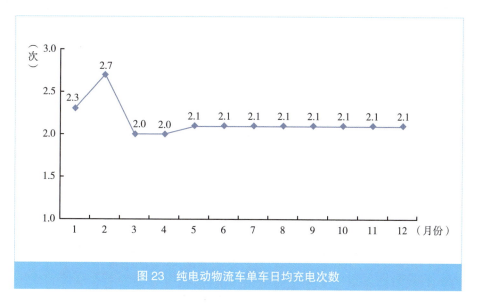

图 23　纯电动物流车单车日均充电次数

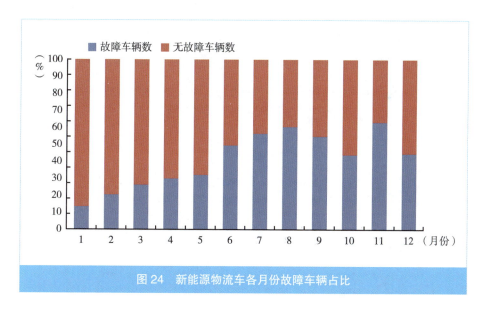

图 24　新能源物流车各月份故障车辆占比

　　制动系统故障和单体电池欠压报警为纯电动物流车最大故障来源。根据月均累计故障分布数据，制动系统故障占比为 16%，动力电池单体欠压、过压故障占比为 13%、11%，车载储能装置欠压、过压故障占比分别为 8%、9%，如图 25 所示。

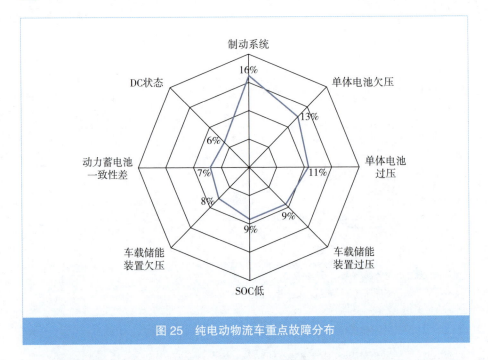

图 25　纯电动物流车重点故障分布

　　搭载锰酸锂动力电池的纯电动物流车主要故障来源为单体电池欠压。对于采用锰酸锂动力电池的纯电动物流车，单体电池欠压报警是其最主要故障来源，该故障月均累计量占总故障量的 75%，详见图 26。

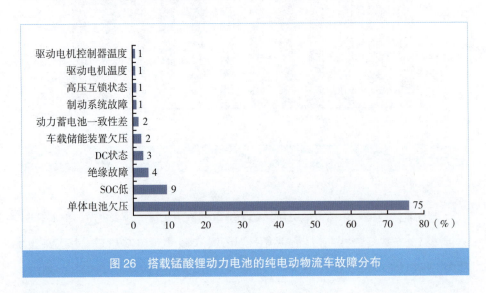

图 26　搭载锰酸锂动力电池的纯电动物流车故障分布

采用磷酸铁锂动力电池的纯电动物流车最常见故障是制动系统故障。从采用磷酸铁锂动力电池的纯电动物流车月均累计故障分布来看，制动系统故障、驱动电机温度故障和单体电池过压为前三大故障来源，TOP3 故障占采用磷酸铁锂动力电池的纯电动物流车月均累计故障总量的 66%，详见图 27。

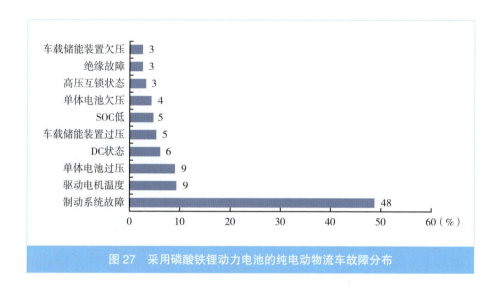

图 27　采用磷酸铁锂动力电池的纯电动物流车故障分布

驱动电机类故障主要体现在电机温度和控制器温度两方面。如表 1 所示，从采用不同类型电机纯电动物流车的月均故障量看，搭载永磁同步电机车型电机类故障主要集中于驱动电机控制器温度报警，搭载交流异步电机车型电机类故障主要集中于驱动电机温度报警。

表 1　纯电动物流车电机系统故障分布		
		单位：%
故障类别 搭载电机类型	驱动电机控制器温度报警	驱动电机温度报警
交流异步电机	4	96
永磁同步电机	60	40

五　节能减排情况

2018 年，华南地区新能源物流车 CO_2 减排量最高，为 15.11 万吨，华中地区次之，为 12.14 万吨，东北地区最少，仅有 0.19 万吨。如图 28 所示。

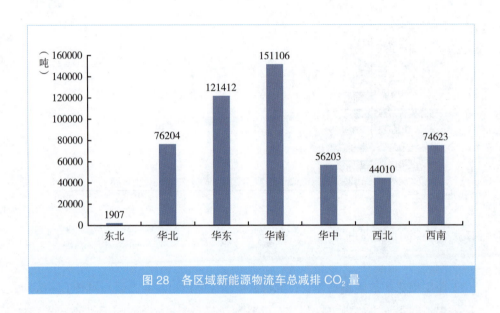

图 28　各区域新能源物流车总减排 CO_2 量

深圳市新能源物流车总减排量最高。从图 29 可以看出，全国新能源物流车总减排 CO_2 量城市排名 TOP10 分别为深圳市、成都市、西安市、北京市、天津市、襄阳市、广州市、上海市、郑州市和武汉市，总减排量排名 TOP10 城市与车辆推广规模、总充电量排名 TOP10 城市基本一致；其中，深圳市新能源物流车推广规模居全国之首，其总减排量也最高，达 11.19 万吨。

六　使用经济性

（一）百公里耗电量

能耗是物流车运营的重要经济指标，本部分分析不同质量段车辆电耗情

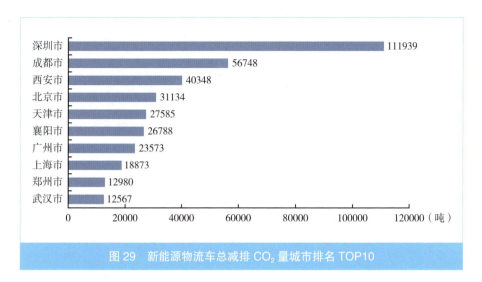

图 29　新能源物流车总减排 CO_2 量城市排名 TOP10

况，并选取不同区域典型城市纯电动物流车百公里电耗数据进行对比分析，评估环境温度、地域等因素对纯电动物流车运行电耗的影响。

纯电动物流车百公里耗电量与整车总质量正相关。根据统计数据，纯电动物流车按整车总质量划分，其百公里耗电量与总质量正相关。如图 30 所示，整车总质量 >14 吨的重型纯电动物流车平均百公里耗电量达到 106.77 kWh，

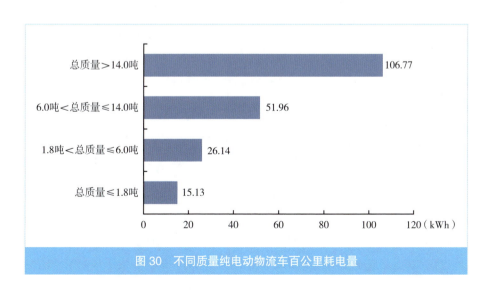

图 30　不同质量纯电动物流车百公里耗电量

而整车总质量 ≤ 1.8 吨的微型纯电动物流车平均百公里耗电量仅为 15.13 kWh，整车电耗与总质量关联性较强。

冬季纯电动物流车百公里耗电量明显提高。图 31 为某典型车型在不同地区各月份的电耗变化情况，各区域车辆百公里耗电量均存在随季节波动的情况，在冬季整车电耗明显呈现上升的趋势，主要是气温降低导致电池放电容量下降、空调耗能增加；同时，不同地区各季节电耗差异基本保持一致，与所处区域气候环境相关性较强。

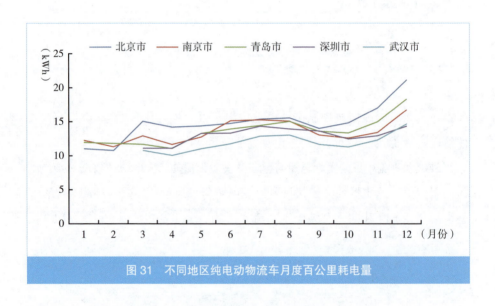

图 31　不同地区纯电动物流车月度百公里耗电量

（二）动力成本

车辆能耗水平及城市商业用电价格对纯电动物流车使用经济性影响较大。从图 32 分析可知，杭州、成都、合肥三市纯电动物流车单位里程耗电量在所选典型城市中排名前三，且这三个城市商业（非居民）电价相对较高，分别为 0.87 元 / 度、0.91 元 / 度、0.79 元 / 度，因而其纯电动物流车每公里动力成本相对较高，达 0.25~0.3 元 / 公里，北京市商业（非居民）电价最高，达 0.95 元 / 度，其运营成本在所选典型城市中也排名靠前，远高于贵阳、南宁、昆明等城市。

以北汽 BJ5021XYZV3R 燃油物流车作为对比，其百公里油耗为 7.36L，以北京市 2019 年 4 月汽油售价 7.05 元 / 升为基准进行计算，燃油物流车每公里动力成本约为 0.52 元，相对于纯电动物流车每公里动力成本高出 100%。在满足城市物流基本运输与配送场景情况下，纯电动物流车具有使用过程零排放、成本低的优势，对于促进物流企业降本增效和绿色发展具有重要的促进作用。

图 32　典型城市纯电动物流车动力成本及百公里耗电量

七　小结与建议

全国新能源物流车市场发展不平衡，二、三线城市推广潜力巨大。近年来新能源物流车推广规模增长迅速，但市场集中度较高，以一线城市为主。2018 年华南地区新能源物流车推广量占全国总量的 26.2%，集中分布在 13 个城市，其中 70% 的车辆分布在深圳市；而东北地区仅 5 个城市有新能源物流

车运行。近年来，围绕"蓝天保卫战"、绿色货运等环保要求，越来越多城市积极出台一系列配套支持政策，将进一步促进城市物流电动化。

燃料电池物流车有望在城际配送市场实现规模化运营。目前新能源物流车基本为纯电动车型，仅少数几个城市出现燃料电池物流车运行。受限于续航能力，目前纯电动物流车适用市场主要限于城市末端配送或短途城际配送，80%以上车辆出行日均行驶里程处于90km以内；未来在加氢设施取得突破后，燃料电池汽车可发挥其长续驶里程的优势，应用于城际物流运输，日均行驶里程将有望再提升。

针对不同的物流运输场景对产品进行定制化设计，可满足多样化的使用需求。面对快速增长的物流货运需求，当前纯电动物流车日均工作4.9小时、行驶70.3公里，运行效率较低，与使用要求有一定差距。根据不同物流场景下的载重需求，通过合理匹配电池电量、优化动力系统效率、整车轻量化等技术方法提高续驶里程及载货量，可提高运营效率。此外，在冬季低温条件下（以东北地区为代表），物流车续驶里程衰减明显，通过合理匹配电池热管理系统等技术途径提升整车低温续航能力，也将有利于提高纯电动物流车的环境适应性。

B.9
2019 年新能源环卫车运行大数据研究报告

刘建春　武进壮[*]

摘　要：　本文基于新能源汽车国家监测与管理平台 2018 年 1 月至 2018 年 12 月新能源环卫车运行的相关运行数据，通过分析我国新能源环卫车的录入及上线情况，日均行驶里程、百公里耗电量、故障分布等整车运行情况，充电起始 SOC 分布、充电时长、充电次数等使用情况，分析我国新能源环卫车的整车运行特征、用户使用习惯、节能减排效果以及使用经济性等。

关键词：　新能源环卫车　运行特征　使用习惯　故障分布　节能减排

一　车辆录入与上线情况

（一）平台录入数据

各地区新能源环卫车推广量差异明显。如图 1 所示，2018 年全国新能源环卫车累计录入 1887 辆，全部为纯电动环卫车。从区域分布来看，华北地区 2018 年新录入新能源环卫车数量最多，达到 1057 辆，占全国总量的 56%，主要集中分布在北京、张家口等城市；华东地区位居次席，新录入车辆数量为 347 辆，占全国总量的 18.4%；西南地区录入量为 201 辆，占比 10.7%。以上三区域新能源环卫车录入量占全国总录入量的 85.1%。

---

* 刘建春，工学硕士，中汽中心新能源汽车技术服务中心；武进壮，硕士，新能源汽车国家大数据联盟。

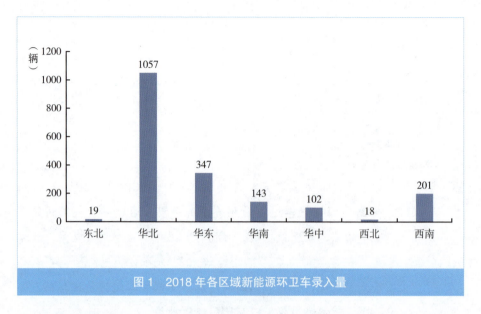

图 1　2018 年各区域新能源环卫车录入量

北京市新能源环卫车录入量位居全国之首。如图 2 所示，2018 年北京市录入新能源环卫车 969 辆，占全国新能源环卫车全年总录入量的 51.4%，是新能源环卫车最大示范推广城市；昆明市、深圳市分居第二、三位，全年新

图 2　2018 年各城市新能源环卫车录入量排名 TOP10

增录入量分别为 200 辆和 130 辆。以上三个城市新能源环卫车录入量占全国总录入量的 68.8%。

纯电动环卫车主要搭载三元材料电池及磷酸铁锂电池。如图 3 所示,在 2018 年新录入的纯电动环卫车中,73% 的车辆搭载磷酸铁锂电池,仅有 27% 的车辆搭载三元材料电池。

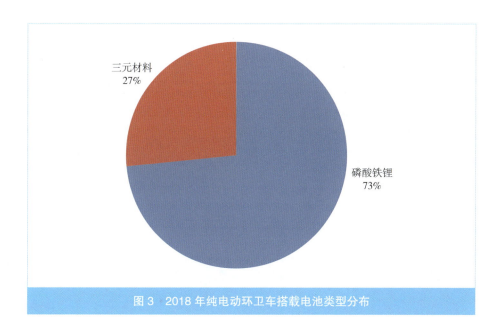

图 3　2018 年纯电动环卫车搭载电池类型分布

(二)车辆上线情况

华北地区纯电动环卫车运行车辆数量最多,华东地区纯电动环卫车推广城市最多。如图 4 所示,2018 年全国新能源环卫车上线车辆数总计 2218 辆,全部为纯电动环卫车,分布在全国 40 个城市。分区域来看,华北地区纯电动环卫车上线车辆数排名第一,占全国总上线车辆数量的 48%;华中、华东地区纯电动环卫车上线车辆数占比分别为 25% 和 11%;东北、西北区域纯电动环卫车上线量较少。

北京市纯电动环卫车上线车辆数排名第一。从图 5 可以看出,北京市纯电

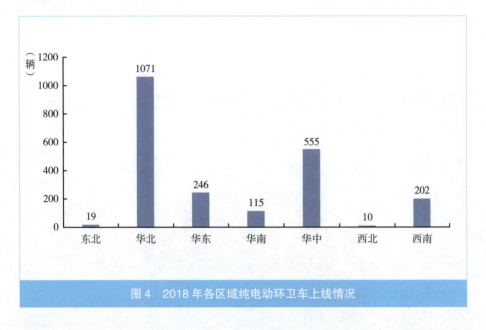

图4　2018年各区域纯电动环卫车上线情况

动环卫车上线车辆最多，占全国总上线车辆数量的45%。此外，郑州、昆明、深圳等城市纯电动环卫车辆已经形成一定的运行规模。

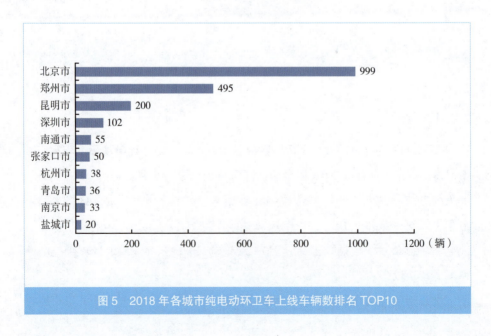

图5　2018年各城市纯电动环卫车上线车辆数排名TOP10

二 整车运行特征

本部分主要从日均出行里程、日均出行时长等方面分析纯电动环卫车的整车运行特征。

（一）日均行驶里程

纯电动环卫车单车日均行驶里程主要在 90km 以内。 从图 6 可以看出，2018 年纯电动环卫车日均行驶里程基本集在于 90km 以内；其中，30~60km 区间占比最高，达到 47.6%；小于 30km 的占比为 30.1%；60~90km 区间占比为 21.8%。日均行驶里程超过 90km 的占比仅为 0.5%。

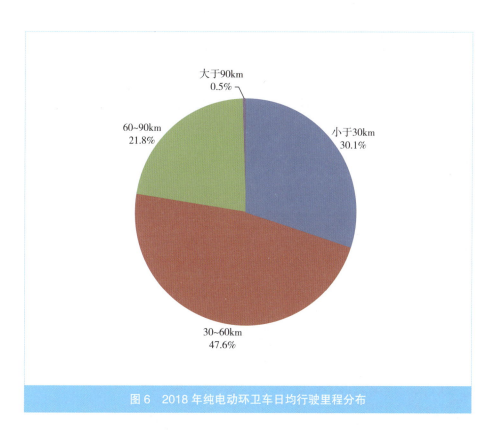

图 6　2018 年纯电动环卫车日均行驶里程分布

2018 年纯电动环卫车日均行驶里程为 43.4km。各月份纯电动环卫车日均行驶里程普遍为 30~50km，如图 7 所示；其中，2 月受春节放假影响，日均行驶里程为全年最低，只有 25.9km。从全年来看，下半年比上半年平均出行里程高出约 13km。

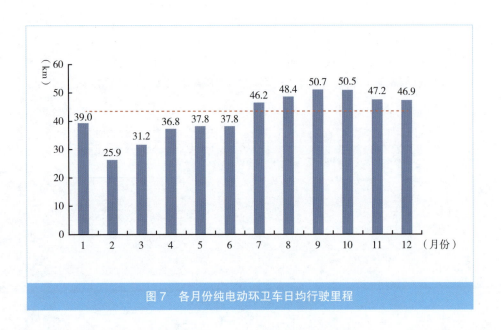

图 7　各月份纯电动环卫车日均行驶里程

（二）日均行驶时长

纯电动环卫车日均行驶时长为 5.43 小时。与 2017 年相比，2018 年纯电动环卫车日均行驶时长大幅提升，如图 8 所示，56.5% 的车辆出行日均行驶时长为 3~6h（小时），32.4% 的车辆出行日均行驶时长为 6~9h，日均行驶时长小于 3h 的出行占比为 10.3%，日均行驶时长超过 9h 的出行占比仅为 0.8%。

如图 9 所示，纯电动环卫车各月份日均行驶时长普遍为 4~6h。其中，2 月受春节放假影响，日均行驶时长为全年最低。从全年来看，下半年比上半年平均出行时长要高出 0.5h。

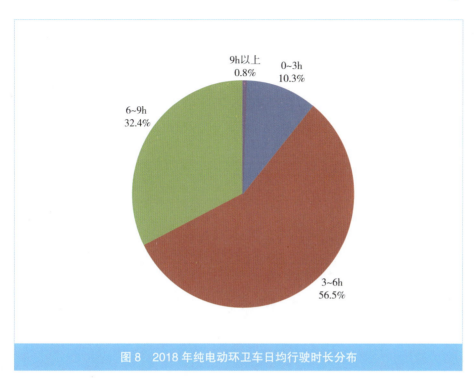

图 8　2018 年纯电动环卫车日均行驶时长分布

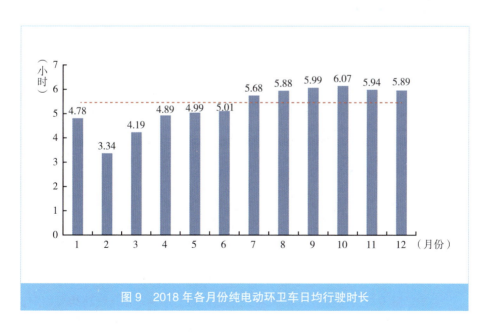

图 9　2018 年各月份纯电动环卫车日均行驶时长

三 充电特征

本部分主要从车辆充电开始时间、充电开始 SOC、充电量、充电时长、充电次数等方面进行分析，全面展现纯电动环卫车充电特征及用户使用习惯等情况。

（一）充电开始时间

纯电动环卫车开始充电时间高峰点为 11 点和 17 点。 如图 10 所示，纯电动环卫车每天充电最为集中的时间段为 10 点至 19 点，上午和下午各出现一个高峰点，分别为 11 点、17 点。目前国内纯电动环卫车主要为城市市容整理、清洁的专用车辆，以洒水车系列和垃圾车系列为主，线路相对固定，作业时间比较规律，充电也存在高峰时段。

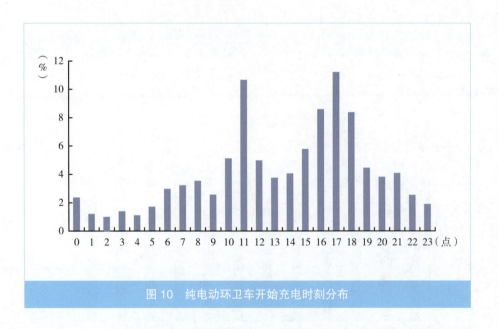

图 10　纯电动环卫车开始充电时刻分布

（二）充电开始SOC

纯电动环卫车通常在高 SOC 时补充电量。 由于环卫车运行线路相对固定，充电规划性较强，纯电动环卫车通常在高 SOC 时补充电量。如图 11 所示，纯电动环卫车在 SOC 为 40% 及以上时开始充电占比超过 80%；SOC 处于 60% 及以上时开始充电占比为 47%。纯电动环卫车平均出行半径较小，普遍低于车辆续航范围，因此车辆低电量充电的情形较少，充电开始 SOC 低于 20% 的情况仅占 2%。

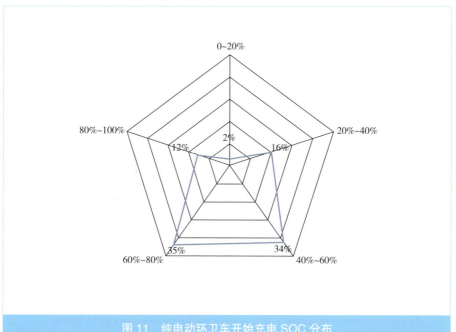

图 11　纯电动环卫车开始充电 SOC 分布

（三）充电量

1.单次平均充电量

2018 年纯电动环卫车单次平均充电量为 67.3kWh。如图 12 所示，从全年来看，下半年比上半年单次平均充电量平均高 11.2kWh，这与全年出行里程分布特征基本一致。

纯电动环卫车单次平均充电量较高。如图 13 所示，全年单次充电量超过 30 kWh 的情况占 80%；单次充电量以 30~60 kWh 居多。

图 12　2018 年纯电动环卫车各月份单次平均充电量

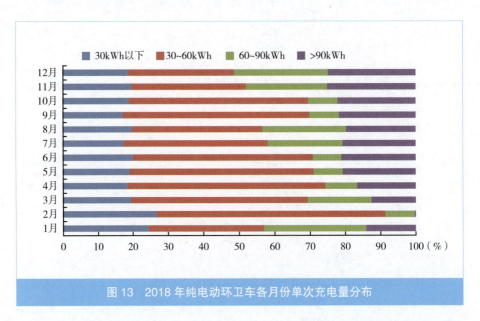

图 13　2018 年纯电动环卫车各月份单次充电量分布

2.单车月均充电量

纯电动环卫车月均充电量为 820.75kWh。如图 14 所示，2018 年纯电动环卫车各月份单车平均充电电量存在一定差异,与全年出行特征基本一致;2 月份由于春节假期,月均充电量也明显低于其他月份。

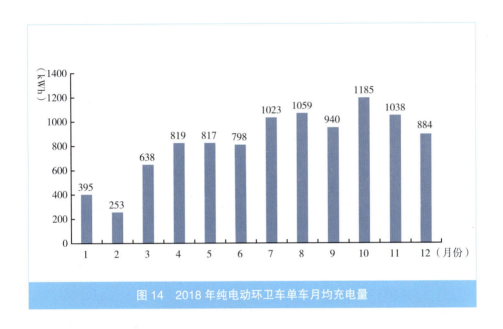

图 14 2018 年纯电动环卫车单车月均充电量

(四)充电时长

1.日均充电时长

2018 年纯电动环卫车日均充电时长为 2.3 小时。 从图 15 可以看出,纯电动环卫车日均充电时长相对稳定,除冬季受低温环境影响较大之外,其他季节均稳定在 2~2.4h。

从全年分布来看,纯电动环卫车日均充电时长低于 2h 的比例超过 50%,充电时长超过 4h 的比例不足 10%,如图 16 所示。由于纯电动环卫车辆充电起始 SOC 普遍较高,电池充放电时"浅充浅放"的情况较多,充电时长大大缩短。

2.单次充电时长

2018 年纯电动环卫车单车单次平均充电时长为 1.35 小时。 如图 17 所示,

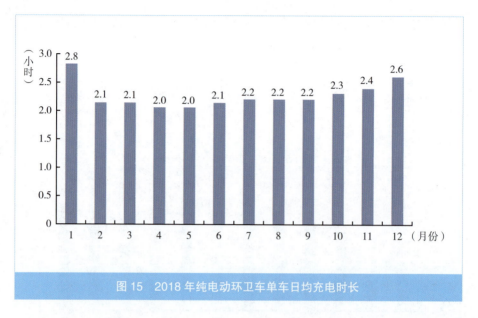

图 15　2018 年纯电动环卫车单车日均充电时长

图 16　2018 年纯电动环卫车单车日均充电时长分布

纯电动环卫车各月份单次充电时长基本维持在 1.2~1.7 小时。2 月由于春节假期，单次充电时长及充电量均明显低于其他月份，与当月单次出行特征相符。

图 17   2018 年纯电动环卫车单车单次平均充电时长

（五）充电次数

2018 年纯电动环卫车单车日均充电次数为 **1.71 次**。纯电动环卫车充电频率相对固定，多为一天一充或两充。如图 18 所示，2 月日均充电次数最多，达 2.56 次，其他月份单天充电次数都为 1 至 2 次。

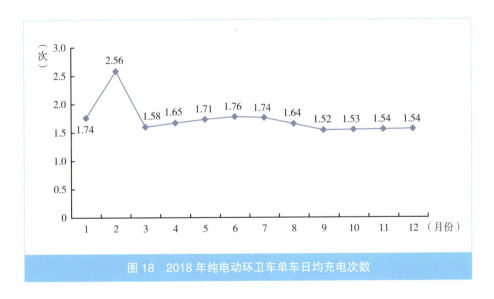

图 18   2018 年纯电动环卫车单车日均充电次数

四　车辆故障情况

制动系统故障和车载储能装置过压为纯电动环卫车主要故障来源。根据年度累计故障分布数据，制动系统故障、车载储能装置过压和绝缘故障为纯电动环卫车最主要的故障来源，占总故障量的比例分别为29%、15%、12%，其他故障主要为动力电池相关故障，包括 SOC 低、SOC 过高、动力蓄电池一致性差等，如图19所示。

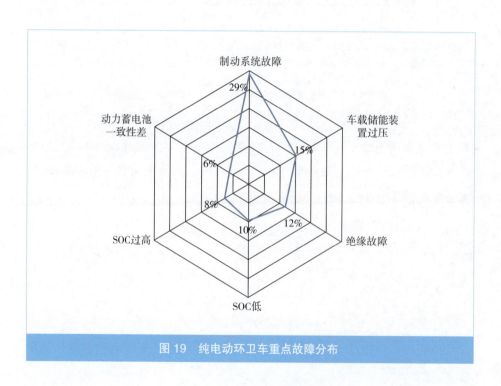

图 19　纯电动环卫车重点故障分布

五　节能减排情况

北京、郑州两城市纯电动环卫车总减排量优势明显。从图20可以看出，在全国纯电动环卫车总减排 CO_2 量城市排名中，北京、郑州两城市总减排量分别达到 3781 吨和 1353 吨，远高于其他城市，原因在于两地纯电动环卫车推广规模、运行里程均远超其他城市。

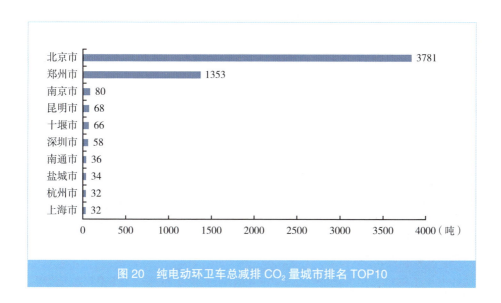

图 20　纯电动环卫车总减排 CO_2 量城市排名 TOP10

六　使用经济性

（一）百公里耗电量

纯电动环卫车平均总质量大，百公里电耗偏高。 根据统计数据，纯电动物流车按整车总质量划分，其百公里耗电量与总质量正相关。如图 21 所示，整车总质量大于 14 吨的重型环卫车平均百公里耗电量达到 96.85 kWh，总质量为 6 吨至 14 吨的中型环卫车平均百公里耗电量达到 77.82 kWh，6 吨及以下的轻型物流车百公里耗电量为 44.32 kWh，整车电耗与总质量关联性较强。

（二）动力成本

纯电动环卫车使用经济性与车辆能耗水平关联较强。 由于环卫车配备大型作业设备，车辆总质量较大，能耗相对较高。从图 22 可见，深圳、石家庄、

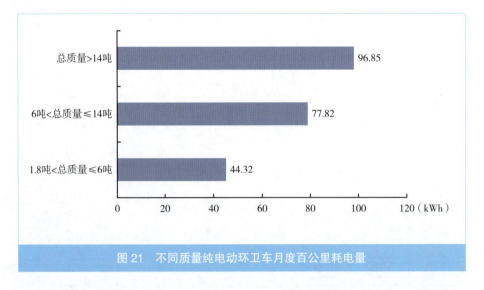

图 21　不同质量纯电动环卫车月度百公里耗电量

北京、杭州四个城市纯电动环卫车百公里耗电量均超过 100kWh，明显高于其他城市，导致整车动力成本相对较高，达 0.9~1.2 元 / 公里；其他城市纯电动环卫车平均百公里耗电量为 20~70kWh，折算动力成本为 0.1~0.6 元 / 公里。与燃油环卫车相比，纯电动环卫车在使用经济性上优势明显。

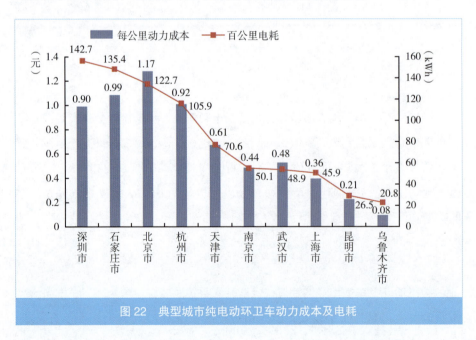

图 22　典型城市纯电动环卫车动力成本及电耗

七 小结与建议

新能源环卫车市场潜力巨大，产品质量是关键。目前国内纯电动环卫车主要为城市市容整理、清洁的专用车辆，线路比较固定，作业时间、使用频率也比较固定，具有很强的实用性，在使用经济性上同样优势明显。随着我国经济的快速发展以及政府对基础设施建设的大力投入，城镇化率逐步提升，城市环卫专用车辆和设备需求开始大量增加，在节能环保要求不断严格的趋势下，多地政府明确了城市新增或更新环卫车辆中的新能源汽车，环卫车电动化将成为必然趋势。在产品层面，通过降低新能源环卫车的能耗、降低使用故障率、提高自动化智能化水平等技术措施不断提高产品的质量，也有利于进一步促进新能源环卫车的推广应用。

专题篇

Special Report Section

B.10
2019 年燃料电池汽车运行
大数据研究报告

樊春艳　侯　毅 *

摘　要：　本文基于新能源汽车国家监测与管理平台 2018 年 1 月至 2018 年 12
月燃料电池汽车运行的相关运行数据，通过分析我国燃料电池客
车、物流车行驶里程、故障分布等运行情况，总结我国燃料电池汽
车示范运行特点，提出基于监控平台的相关建议。

关键词：　燃料电池汽车　行驶里程　故障　减排

2018 年，我国燃料电池汽车接入量为 839 辆，全部为客车和物流专用车，
其中，燃料电池客车 219 辆，燃料电池物流车 620 辆，客车应用领域涵盖公
交和通勤（见图 1）。考虑到有些燃料电池物流车并未接入国家监管平台，故

———————————

　*　樊春艳，高级工程师，中汽中心新能源汽车技术服务中心项目总监；侯毅，新能源汽车国
　　　家监测与管理平台。

本文所统计的燃料电池汽车仅代表接入平台的车辆，且目前监控数据中关于燃料电池汽车的相关主要指标参数较少，所以仅依据现有监控数据对燃料电池汽车的运行情况进行简要分析。

图 1　2018 年 1~10 月燃料电池汽车上线车辆数量统计

燃料电池汽车故障阈值设置尚需完善。从图 2 可以看出，目前燃料电池汽车故障阈值设置尚不合理，普遍来看，二、三级故障比例高于一级故障比例。同时，目前主要故障信息还是以动力电池的体系为主，并未实际反映燃料电池汽车特有的氢安全、电安全、氢—安耦合安全问题。

一　燃料电池物流车

上海市燃料电池物流车推广车辆量最多。2018 年，我国燃料电池物流车主要推广城市包括上海、西安、佛山以及十堰等地（见图 3），具有靠近燃料电池汽车产业集聚区和氢能资源优势地区的特点。

图2　2018年1~12月燃料电池汽车各级故障占比

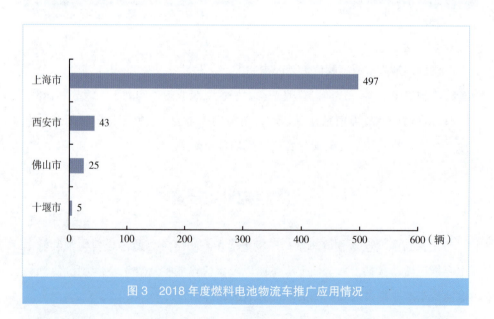

图3　2018年度燃料电池物流车推广应用情况

燃料电池物流车日均行驶里程普遍高于纯电动物流车。日均行驶里程反映出运营车辆的利用效率，从图 4a 可以看出，燃料电池物流车的日均行驶里程在 120 公里至 150 公里比例最高，达到 83%，全年没有日均行驶里程低于 120 公里的车辆。图 4b 显示纯电动物流车日均行驶里程位于

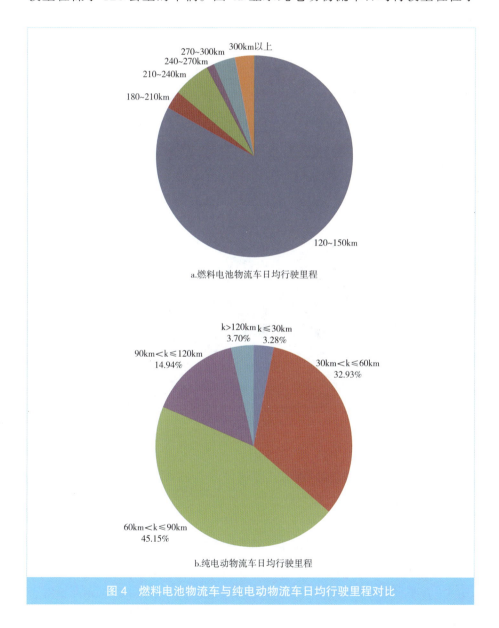

图 4　燃料电池物流车与纯电动物流车日均行驶里程对比

60公里至90公里的车辆占比最高，较燃料电池物流车日均运行里程明显偏低，体现出燃料电池车辆长续驶里程的优势，这充分表明在目前的条件下纯电动汽车适合于城内短途运行，而燃料电池汽车更加适合城际的长途运行的特点。未来在加氢设施取得突破后，燃料电池汽车也可用于城际物流运输，日均行驶里程将有望再增加。

燃料电池物流车每天行驶2~4小时占比在80%以上。从图5可知，燃料电池物流车日均行驶时间集中于2~4小时，占比高达81%，日均运行4~6小时的车次占比为16%，对比日均行驶里程集中于120~150公里来看，燃料电池物流车的运营效率相对较高。

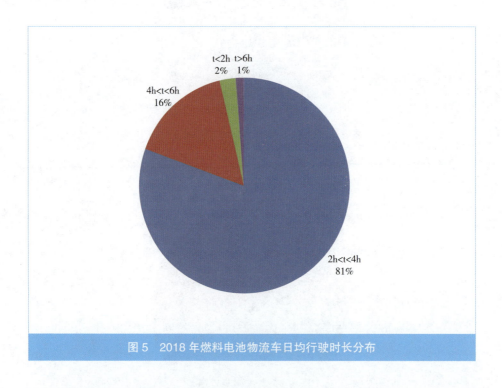

图5　2018年燃料电池物流车日均行驶时长分布

燃料电池物流车主要故障是车载储能装置类型过压。首先说明，目前燃料电池的故障类别并未实际反映在监控数据中，所以故障类型也主要集中在动力电池方面。我国燃料电池汽车普遍采用燃料电池和动力电池的电—电混合技术路线，因此在氢—电耦合的整车控制系统中，动力电池过压和欠压故障较为集中，同时，动力蓄电池一致性差等故障占比也较高。

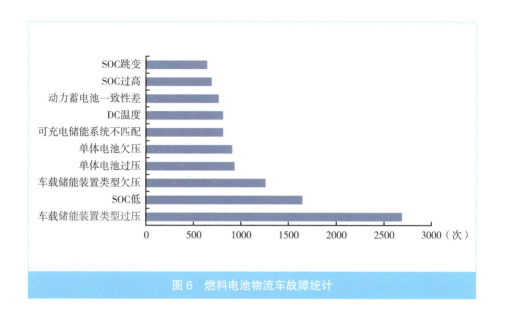

图 6　燃料电池物流车故障统计

二　燃料电池公交车

目前，燃料电池公交车在我国处于示范运营阶段，仅有北京、张家口、郑州、上海、盐城、佛山、如皋、常熟、成都等少数城市在逐步推广燃料电池汽车，其推广应用数量较少，运营不成规模，因而在本部分中仅对接入国家监管平台的燃料电池汽车进行分析。

华北地区燃料电池公交车推广应用数量最多。从图 7 可知，2018 年全国燃料电池公交车推广量为 102 辆。由于燃料电池汽车在我国处于示范运行阶段，华北地区只有北京、张家口两个城市参与示范，但相较于其他省份，其参与示范的录入车辆最多，达 84 辆，占 2018 年总数的 82.35%。从图 8 可知，6m＜车长≤8m 的燃料电池公交车推广量为 59 辆，占比 57.84%；8m＜车长≤10m 的燃料电池公交车推广量为 30 辆，占比 29.41%；而车长＞10m 的燃

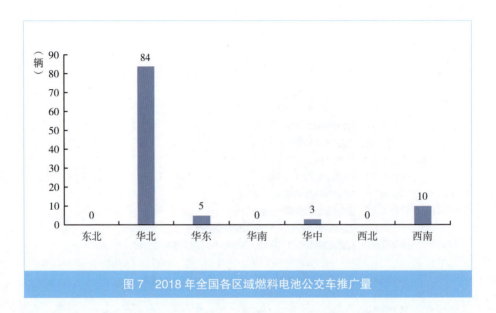

图 7　2018 年全国各区域燃料电池公交车推广量

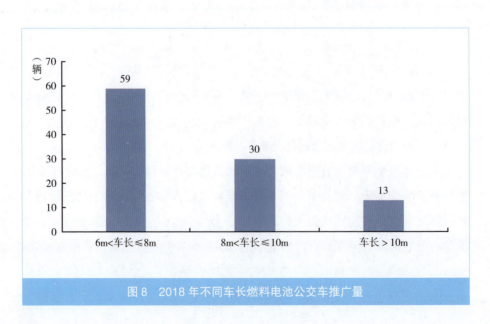

图 8　2018 年不同车长燃料电池公交车推广量

料电池公交车推广量仅有 13 辆，占比 12.75%。

华北地区燃料电池公交车上线车辆数最多。从图 9 可知，2018 年全国燃料电池公交车上线数为 103 辆，其中，华北地区上线数为 83 辆，占比80.58%；西南地区上线数为 10 辆，占比 9.71%。

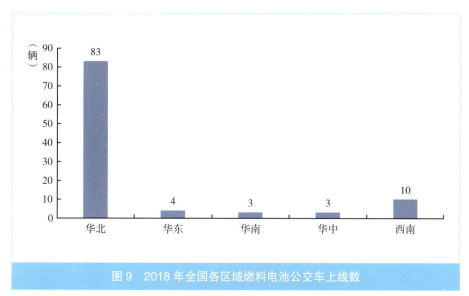

图 9　2018 年全国各区域燃料电池公交车上线数

燃料电池公交车日均行驶里程 90~120 公里占比最高，日均行驶 2~4 小时占比最高。如图 10 所示，燃料电池公交车的日均行驶里程和时长与常规燃油公交车普遍日均行驶里程接近 300 公里、行驶时长 6~8 小时相比，差距较大，主要原因是目前我国燃料电池公交车主要还是应用于小规模商业化示范，受加氢成本以及加氢站少等因素影响，尚无法按常规燃油车进行运营。

燃料电池公交车故障主要集中在动力电池温度差异大和 DC 状态。燃料电池公交车故障种类比燃料电池物流车相对集中，如图 11 所示，主要有动力电池温度差异、DC 状态、电池 SOC 低等。主要还是集中于整车控制、整车动力分配等技术问题，另外，我国目前几款燃料电池客车燃料电池功率多为 30~60千瓦，如果长时间均速高速行驶，燃料电池系统为动力电池充电量不足，易导致 SOC 过低等问题，车辆控制往往采取限速等措施，用户体验满意度降低。

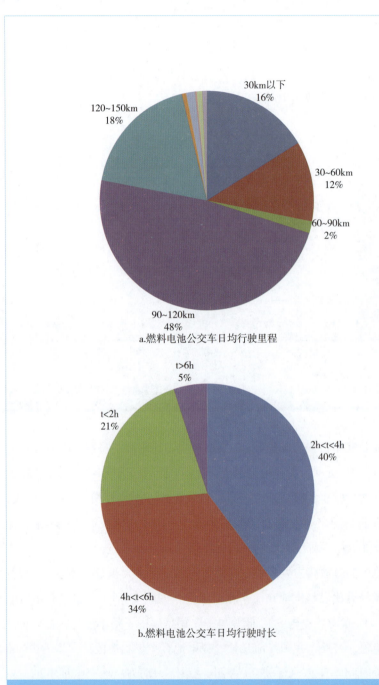

a.燃料电池公交车日均行驶里程

b.燃料电池公交车日均行驶时长

图10 燃料电池公交车日均行驶里程以及日均行驶时长

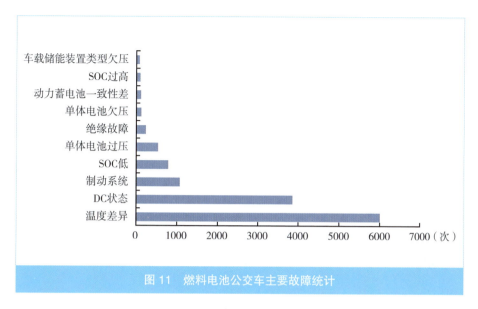

图 11　燃料电池公交车主要故障统计

三　小结与建议

燃料电池物流车日均行驶里程大于纯电动物流车，较纯电动物流车更具场景适应性。由运行数据分析可知，83% 的燃料电池物流车日均行驶里程在120~150 公里，普遍高于纯电动物流车 30~60 公里，更接近物流车的里程使用要求。

燃料电池客车 6~8 米车长类居多。从车型细分类型来看，燃料电池客车以 6~8 米车长类为主。燃料电池客车目前以公交车应用为主，在传统燃油车领域，主流公交车车型应该是 10 米及以上车型，但以当前细分车型来看，燃料电池公交车目前以 6~8 米居多，占 59%，与市场需求并不相符。究其原因，应该是受限于目前燃料电池汽车的电堆成本，以及电堆的技术，更多燃料电池客车选择更小功率的电堆，比如 30kW，动力有限，并不适用于更长车长的客车，由此看来电堆降成本和提升功率密度的任务非常艰巨。

建议尽快构建燃料电池汽车安全运行监控指标体系。目前燃料电池汽车的

运行故障信息主要还是动力电池相关故障指标，如温差、压差、SOC过高等，但反映燃料电池汽车的安全预警信息基本处于空白。随着燃料电池汽车示范运行规模的不断扩大，亟须尽快建立燃料电池汽车专有的安全运行监控指标体系，比如氢浓度、电堆压力差指标等，以提高燃料电池汽车的运行安全管理水平。

案例篇
Case Report Section

B.11
长安新能源大数据研发与应用

翟钧　王贤军　贺小栩　刁冠通[*]

摘　要：　新能源汽车的全生命周期涉及的数据信息量巨大，蕴含极大的价值。通过大数据技术对其进行分析挖掘，并应用于新能源汽车全价值链体系，以改善客户体验、提高产品质量、改进生产、简化业务流程、改进业务模式、提升企业效益等。根据企业实际业务情况，重庆长安新能源汽车科技有限公司构建具有长安新能源鲜明特色的开放的数据生态系统，为业务发展提供持续的数据驱动力，并不断引入不同领域的优质合作伙伴，实现资源、能力共建共享、合作共赢。

关键词：　新能源　大数据　生态系统

一　重庆长安新能源汽车科技有限公司介绍

长安汽车自2001年进入新能源领域，经历技术研究、产业化推广和市场

---

*　翟钧、王贤军、贺小栩、刁冠通，重庆长安新能源汽车科技有限公司。

化运行三个阶段。2017 年 10 月 19 日，北京·国家会议中心，长安公司总裁朱华荣发布长安汽车新能源战略——"香格里拉"计划，逸动 EV300、CS15EV、逸动 PHEV 上市发布。2018 年，重庆长安新能源汽车科技有限公司成立。长安新能源汽车科技有限公司发展历程详见图 1。

图 1　重庆长安新能源汽车科技有限公司发展历程

重庆长安新能源汽车科技有限公司秉承"引领绿色出行，共享智慧生活"的使命及"成为世界一流的新能源汽车科创企业"的愿景。致力于通过科技创新，为用户提供极致体验的产品和服务，践行智、净、蓝天的绿色发展理念（见图 2）。

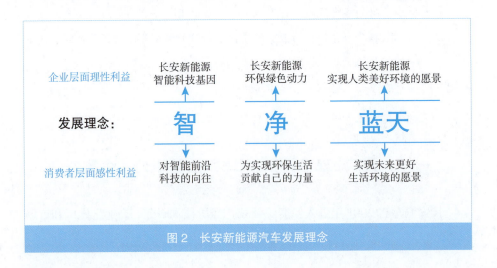

图 2　长安新能源汽车发展理念

"香格里拉"计划确定了两个目标：第一个目标，长安汽车将在 2020 年完成三大新能源专用平台的打造；第二个目标，到 2025 年前将全面停售传统意义的燃油车，实现全谱系产品的电动化。"香格里拉"计划的发布，标志着长安汽车在新能源领域进入全新阶段（见图 3）。

图 3 "香格里拉"计划

基于市场需求和自身发展诉求，形成"超低能耗"与"超悦智能"的产品技术标签（见图 4）。

➤ 超低能耗：直击产品痛点，兼顾解决续驶里程和充电时间问题，技术门槛高，难以复制；

➤ 超悦智能：突显产品魅点，差异化体现产品竞争力。

2018 年，长安新能源汽车发布两款明星产品（见图 5）：

➤ 智尚纯电先锋——逸动 EV460，具备高效节能、质美设计、品质驾乘、智能安全的特点；

➤ 智慧混动 SUV 创行者——CS75 PHEV，具备高效混电、焕新设计、品质驾乘、智能省心的特点。

二 大数据平台

根据重庆长安新能源汽车科技有限公司的发展规划，构建具有长安新

	客户端	产品端	企业端
超低能耗	·支撑长续航，相同电量跑得更远 ·提升充电速度，同等里程耗电更少，减少充电时间 ·降低成本，相同续航布置电池更少	·降低电池成本，降低整车价格 ·提升整车配置，提升产品竞争力	·体现长安新能源的集成能力 ·技术持续领先，难以复制和替代
超悦智能	·提升使用便利性，懂你的汽车 ·用户愿买、愿开、愿用、愿展示	·提升整车配置，酷炫动感、魅点十足 ·提升产品竞争力，打造核心卖点	·吻合公司战略方向易传播，展示企业核心竞争力 ·体现科技公司属性

图 4　公司产品理念

图 5　公司 2018 年明星产品：逸动 EV460 和 CS75 PHEV

能源鲜明特色的开放的数据生态平台。现基于 Hadoop、Spark 等分布式技术和 Hive、Hive-SQL、SPARK-SQL 等组成的数据仓库系统，集成查询引擎 IMPALA 及其他大数据开发套件，基于公有云的基础设施环境，已完成长安新能源大数据平台建设（见图 6）。

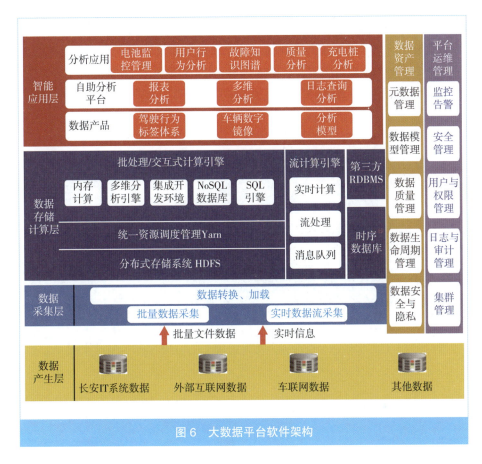

图6 大数据平台软件架构

长安新能源大数据平台项目基于车联网数据，对单车及所有车型在充放电过程中电池的温度、温升、温差、电流、电压等设计相关数据指标，构建电池健康度影响因素、电池健康度预测等算法模型，涵盖营销与售后、电池监控管理、用户行为、故障知识图谱、质量监控、充电桩等多个专题分析，为各业务领域提供持续的数据驱动力。

三　大数据应用

（一）数据指标及算法模型

根据各研发部门的需求，设计数据指标，对单车及所有车型的电池温度、电压、电流、SOC、快慢充时长、行驶里程进行量化分析。利用机器学习、深度学习、神经网络等多种算法模型，建立电池健康度影响因素、电池健康度预测、里程焦虑等多个模型。具体见图7、图8和图9。

图7　大数据平台 PC 端登录界面

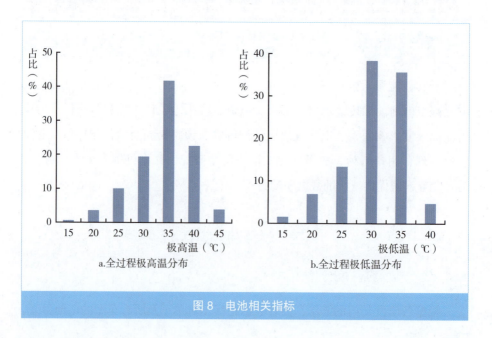

a.全过程极高温分布　　　　　　b.全过程极低温分布

图8　电池相关指标

图 9　电池健康度预测算法模型可视化界面

（二）大屏可视化

通过大数据统计分析，在大屏上显示重庆长安新能源汽车科技有限公司的节能环保、营销、电池、驾驶行为、售后共计 5 个专题、90 多个相关指标，利用表格、图形、控件、图片、滚动信息、数字时钟等多种可视化元素让每一位到访者在享受绚丽的视觉盛宴时对重庆长安新能源汽车科技有限公司也有了进一步的了解和认识（见图 10）。

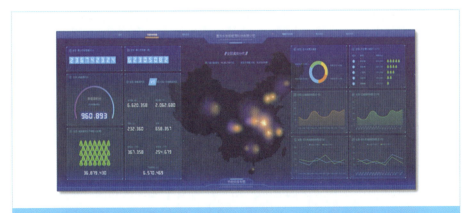

图 10　数据大屏节能环保专题

（三）远程在线诊断i-Doctor

通过车载 RMU 与车联网平台联合，车辆发生故障或预设条件满足后，通过 4G 网络自动上传故障前后一段时间的整车数据，快速定位问题原因并给出维修建议（见图 11）。

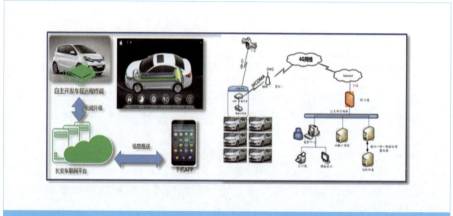

图 11　远程在线诊断

（四）搭建长安作战指挥中心

依托新能源大数据分析平台 i-Doctor 等功能，打造服务作战指挥中心，向客户提供主动维修服务，提升客户体验。

四　总结与展望

通过整合长安内外部多元数据，根据不同业务需求和使用场景，在现有的大数据平台架构基础之上，结合各类算法模型对数据进行挖掘运用，以支持不同领域的需求。长安新能源大数据平台将对电池梯次利用、主动维修服务、二手车评估、消费金融、共享出行等进行专题细分，为各专业领域持续优化驱动流程、产品迭代、管理变革、业务创新提供强有力的数据支持，提升工作效率，创新商业模式（见图12）。

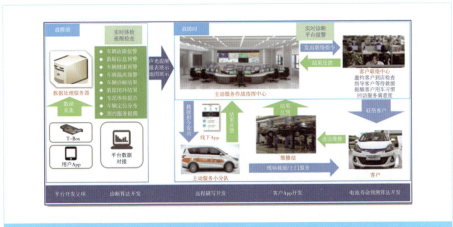

图 12 长安新能源作战指挥中心

附 录

Appendix

B.12
数据及指标说明

数据来源及起止时间：如无特别说明，本书数据取自国家新能源汽车大数据联盟平台 2018 年 1 月 1 日至 2018 年 12 月 31 日的平台接入数据及运行数据，车辆部分参数来自北京卡达克科技中心有限公司。

百公里耗电：按月为周期，计算方法为：月累计充入电量 / 月累计行驶里程 *100 。

日均行驶里程：月累计行驶里程 / 车型月运行天数（每车每天记一次）。

运行电池温度：车辆启动时及运行中，电池温度探针最高温度的平均温度。

平均启动温度：月累计每天第一次启动时电池最高温度 / 车型月运行天数（每车每天记一次）。

平均最高温度：月累计每天运行时电池最高温度 / 车型月运行天数（每车每天记一次）。

日均充电次数：月累计充电 / 车型月充电天数（每车每天记一次）。

减碳量 = 同车长柴油车同里程二氧化碳排放量 − 纯电动车单年二氧化碳排放量

Abstract

With the integrated cross-development of mobile Internet, 5G, big data, cloud computing, artificial intelligence, block chains, marginalized data algorithm, integrated energy services, ubiquitous power internet of things and other new technique and industries in the field of new energy vehicles, the role of data information flow becomes increasingly prominent in accelerating the development of new four modernizations which refer to electrification, net-union, intelligence and sharing in the new energy automobile industry.

At the 2018 annual conference of the National Big Data Alliance of New Energy Vehicles (hereinafter referred to as NDANEV), when the chairman Zhang Xiangmu introduced the conference theme "Data • Creation • Value", he stressed that we should bring into full play the leading role of big data in the development of the new energy automotive industry, with data as guidance, creation as a core and value as a direction. Based on that, the NDANEV issued the world's first annual research report——"*The Big Data Research Report on China's New Energy Vehicles (2018)*" (hereinafter referred to as "research report 2018"), which was written according to the real-time static data from the supervision and operation of millions of new energy vehicles. In order to link up with the research findings in the research report (2018),insist on the application of data engine, boost China's automobile manufacturing industry to achieve the transformation and upgrading from "quantity" to "quality" and bring into full play the

leading role of the NDANEV in building the bond and bridge of the big data sharing of new energy vehicles, in 2019, the NDANEV continued to create its exclusive data-investigation blue book "*The Big Data Research Report on China's New Energy Vehicles (2019)*" (hereinafter referred to as "research report 2019"), with the joint efforts from China Automotive Technology & Research Center Co., Ltd, Chongqing Chang'an New Energy Automotive Technology Co., Ltd and a great deal of other member units in the NDANEV.

Compared with 2018, the industry situation of new energy vehicles in China has undergone great changes in 2019.The resuming of the trade war between China and the United States, accelerated subsidy reduction, continued penetration of traditional foreign automobile enterprises, intensified competition among industries, prominent charging problems, safety problems and so on so forth have become the bottleneck restricting the development of the industry. At the same time, another significant change of the new energy automobile industry is that its application scenarios are more diversified, including private cars, taxis, rental cars, buses, commuter cars, logistics vehicles, sanitation trucks and other types. Therefore, on the basis of the research report (2018), the research report (2019) has made further detailed framework subdivisions about the application scenarios of passenger cars, buses and special vehicles, by separating the related contents into several single articles to analyze the overall operation situation, economic efficiency such as energy consumption per100km, vehicle usage, charging rules, failure safety, energy conservation and emission reduction and other aspects, containing more abundant contents and more obvious analysis of characteristic regularity.

"Rapid development and exceeding expectations" are one of the significant characteristics of the new energy vehicle market in China. In addition, the development of China's new energy vehicles also presents the characteristics of continuous improvement of battery energy density and increasing investment scale of the industrial chain. Led by the dual drive of both policies and market, the sales of new energy vehicles in China reached 1.256 million in 2018, up 61.7% year on year; among them, sales of pure electric vehicles were 984,000, up 50.8% year on year. The penetration rate of China's electric vehicle market (the proportion of sales volume in the total sales volume)exceeded 1% for the first time in 2015and 4% in 2018, reaching 6% in the fourth quarter of 2018. At the same time, China's new energy vehicle technology continues to climb to a high level; over 80 percent of the running mileage of the pure electric vehicles is more than 300 kilometers. By the end of 2018, the energy density of single power battery for mass production in China has overed 240Wh/kg, and the cost has been controlled below 1 yuan/Wh, reaching the goal of 2020 ahead of schedule. Compared with 2012, the energy density increased by 2.2 times, and its cost decreased by 75%. What's more, great progress has been made in the battery management system and the electronic control system of drive motor and vehicles. The investment scale in the industrial chain of new energy vehicles is increasinglyexpanding; at present, the total investment in the whole industrial chain has exceeded 2 trillion yuan, and the year of 2025 will become a high-speed growth period.

Influenced by policies, market, technical improvement, cost reduction and investment expansion, the production and sales of new energy vehicles in China continued to rise in the first half of 2019. From January to April, the production and sales of new energy vehicles reached 368,000 and 360,000 respectively, up 58.5% and 59.8% respectively compared with the same period of the previous year. Among them, the production and sales of pure electric vehicles reached 286,000 and 278,000, up 66.1% and 65.2% respectively compared with the same period of the previous year. The production and sales of plug-in hybrid electric vehicles reached 81,000 and 82,000, up 36.3% and 43.7% respectively compared with the same period of the previous year. The production and sales of fuel cell vehicles completed 237 and 230, up 154.8% and 289.8% respectively compared with the same period of the previous year.It can be seen that pure electric vehicles are currently still the main force in the development of the new energy automobile industry.

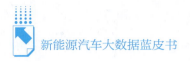

The energycharacteristics deeply affect the energy supply of transportation industries. In 2018, China's dependency on foreign oil and natural gas was respectively close to 70% and 40%; such a high energy dependency poses new challenge to China's energy security. Therefore, to vigorously develop clean energy represented by hydroelectric power, photovoltaic energy and wind power as substitutions has become the major strategy for the nation's energy security, and that is one of the core reasons why all the auto enterprises have been making efforts to expend the new energy automobile market of electric vehicles.

Intelligent city needs intelligent transportation system. As an important means to realize intelligent transportation, the deep cross-border integration between new energy vehicles and big data plays a crucial role in building the framework of intelligent transportation system. For this reason, the Ministry of Industry and Information Technology, from the perspective of the top-level design, has entrusted National Engineering Laboratory for Electric Vehicles in Beijing Institute of Technology to establish a national monitoring and management platform of new energy vehicles in order to achieve the dynamic monitoring of the new energy vehicles. Since the platform went into service on January 1, 2017, the access volume of the new energy vehicles has been close to 2.6 million, and it is relying on the real-time operation data of millions of vehicles on this platform that the NDANEV wrote up *"The Big Data Research Report on China's New Energy Vehicles (2019)"*. It can be said that the research report is one of the necessary reference books to study the intelligent transportation of new energy vehicles and thus serve the construction of smart cities.

Research report (2019) focuses on the real-time monitoring data analysis of the new energy vehicle operation, with the big data as a starting point, making detailed subdivisions about the application scenarios, such as private cars, taxis, rental cars, buses, commuter cars, logistics vehicles, sanitation trucks and other types, with explicitly analyzing the promotion situation of different types of vehicles, battery power status, charging rules,economic efficiency, vehicle usage, failure safety, energy conservation and emission reduction and other aspects, and put forward reasonable proposals on the problems of economic efficiency and failure safety existing in the process of the development of new energy vehicles. Looking over the entire series of reports, the depth of the study, the breadth of fields involvedand the dimension of the problem consideration enable the report to be convenient for readers in various fields to have a comprehensive and systematic understanding of the development trend of China's new energy vehicles at each usage scenario; at the same time, this series of reports provide strong data support on the management departments of automobile industry, research institutes, the automobile and parts enterprises, the overall control and comprehension of ordinary end customers for the new energy automotive industry.

Keywords: New Energy Vehicles; Big Data; Charging Rules; Power Batteries; Mileage

Contents

I General Report

B.1 Big Data Research Report on New Energy Vehicles in

China in 2019   / 001

Abstract: Based on real-time operation data of New Energy Vehicles (NEVs) in 2018 from the National Monitoring and Management Platform for NEVs, this reports sorts out the characteristics of NEVs in terms of product forms and regional distributions. Meanwhile, it carries out analyseson fault information and accidents. Moreover, this report takes the charging behaviorsfor all kinds of NEVs in Beijing as an example to illustratethe charging characteristics of NEVs for various purposes. According to operation data analytics, suggestions are made to support the sustainable development of NEVs industry.

Keywords: NEVs; Operation Data; EV Charging; Failure; Mileage

II   Vehicles Report Section

B.2   Research Report on New Energy Private Vehicles Operations in 2019

Based on Big Data Analytics   / 046

Abstract: This report is based on the operation data of the National Monitoring and Management Platform for new energy private vehicles from January 2018 to December 2018.Features of pure electric private passenger vehicles and plug-in hybrid private vehicles are studied.Additionally, with comparisons of vehicle type distribution, on-line rate, average daily mileage, fast/slow charging selection and core problems of fault alarming, this section concludes that pure electric private vehicles still facerange anxiety problem. Considering large scale and wide popularity of new energy private vehicles, battery safety problems should be addressed.

Keywords: New Energy Private Vehicles; Online Rate; Quick/Slow Charge; Fault Distribution; Energy Conservation and Emission Reduction

B.3   Research Reports on New Energy Taxis Operations in 2019

Based on Big Data Analytics   / 067

Abstract: This report is based on the operation data of the National Monitoring and Management Platform for new energy taxis from January 2018 to December 2018.Features of pure electric taxis and plug-in hybrid taxis are studied. Through comparative analysis of daily average mileage, electricity consumption per100 km, annual energy saving and emission reduction, and core issues of failure alarming, it is concluded that new energy taxis products are becoming increasingly recognized

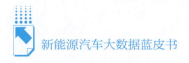
and accepted by customers. The effects of energy saving and emission reduction are obvious, but comprehensive efficiency and overall quality of these vehicles still needs to be improved.

Keywords: New Energy Taxis; Driving Mileage; Fault Alarming; Energy Saving and Emission Reduction

B.4   Research Reports on New Energy Rental Vehicles Operations in 2019

Based on Big Data Analytics   / 088

Abstract: This report is based on the operation data ofthe National Monitoring and Management Platform for new energy rental vehicles from January 2018 to December 2018. Key focuses are on pure electric rental vehicles while plug-in hybrid rental vehicles are also studied. Through comparative studies on mileage distributions, daily average mileage, initial SOC in charging operation, number of charging and fault alarming, pure electric rental vehicles show limited driving range decay. Its comprehensive utilization efficiency lies in between the taxis and the private vehicles.

Keywords: New Energy Rental Passenger Vehicles; Driving Range Decay; Charging Distributions; Fault Alarming Distribution

B.5   Research Reports on New Energy Bus Operations in 2019 Based on

Big Data Analytics   / 109

Abstract: This report is based on the operation data of the National Monitoring and Management Platform for new energy buses from January 2018 to December 2018. Through analyses on vehicle operation parameters like China's new energy buses'

registration, on-line conditions, daily average mileage, electricity consumption per 100 km, etc., along with initial SOC in charging operation, charging duration, and number of charges, this report analyzes new energy buses' operation status. Moreover, studies towards customer habits and failure are performed, figuring out the effects of energy saving and emission reduction.

Keywords: New Energy Buses; Operating Characteristics; Driving Habits; Failure; Emission Reduction

B.6   Research Reports on New Energy Passenger Vehicles Operations in 2019

Based on Big Data Analytics   / 142

Abstract: This report is based on the operation data of the National Monitoring and Management Platform for new energy passenger vehicles from January 2018 to December 2018.Through analyses on vehicle operation parameters like China's new energy buses' registration, on-line conditions, daily average mileage, electricity consumption per100 km, etc., along with charging start SOC, charging duration, and number of charges, this report analyzes new energy buses' operation status. Moreover, studies on customer habits and failure are performed, figuring out the effects of energy saving and emission reduction.

Keywords: New Energy Passenger Vehicles; Operating Characteristics; Driving Habits; Failures; Emission Reduction

B.7   Research Reports on New Energy Commuter Vehicles Operations in 2019

Based on Big Data Analytics   / 174

Abstract: This report is based on the operation data of the National Monitoring

and Management Platform for new energy commuter vehicles from January 2018 to December 2018. This reportis based on relevant data of operation and its efficiency, vehicle performances, faults and charging of new energy commuter vehicles in China. And also, analyses upon operation efficiency of pure electric commuter vehicles, such as vehicle length and storage distributions, used batteries and motors, pure electric driving mileage, daily average driving mileage, daily average driving time, electricity consumption per 100 kilometers and electricity generation per kilometer, etc. In economic discussions, safety issues such as the frequency of early warning at all levels, rankings of vehicle faults and battery-related faults, distributions of SOC at charging initiation, distributions of starting SOC in charging, lengths of charging time and the number of charging times are discussed, as well as energy saving and emission reduction effects of new energy commuters in different regions and cities.

Keywords: Pure Electric Commuter Vehicles; Operation Characteristics; Driving Habits; Failure; Emission Reduction

B.8 Research Reports on New Energy Logistics Vehicles Operations in 2019 Based on Big Data Analytics / 209

Abstract: This report is based on the operation data of the National Monitoring and Management Platform for new energy commuter vehicles from January 2018 to December 2018.Through analyses on vehicle operation parameters like China's new energy logistics vehicles' registration, on-line conditions, daily average mileage, electricity consumption per100 km, etc., along with starting SOC in charging, charging duration, and number of charges, this report analyzes new energy logistics vehicles' operation status. Moreover, studies towards customer habits, economic performances, and automobile failure are performed, figuring out the effects of energy saving and emission reduction.

Keywords: New Energy Logistics Vehicles; Operation Characteristic; Driving Habits; Failure Distributions; Energy Saving and Emission Reduction

B.9 Research Reports on New Energy SanitationVehicles Operations in 2019 Based on Big Data Analytics   / 233

Abstract: This report is based on the operation data of the National Monitoring and Management Platform for new energy sanitation vehicles from January 2018 to December 2018.Through analyses on vehicle operation parameters like China's new energy sanitation vehicles' registration, on-line conditions, daily average mileage, electricity consumption in 100 km, etc., along with starting SOC in charging, charging duration, and number of charges, this report analyzes new energy sanitation vehicles' operation status. Moreover, studies towards customer habits, economic performances, and automobile failure are performed, figuring out the effects of energy saving and emission reduction.

Keywords: New Energy Sanitation Vehicle; Operation Characteristics; Failure Distributions; Energy Saving and Emission Reduction

Ⅲ Special Report Section

B.10 Research Reports on Fuel Cell Vehicles Operations in 2019 Based on Big Data Analytics   / 250

Abstract: This report is based on the operation data of the National Monitoring and Management Platform for fuel cell vehicles from January 2018 to December 2018.

Through analyzing China's fuel cell passenger vehicles, commuter vehicles' mileage, and failure distributions, a conclusion on fuel cell vehicles' demonstrating operation characteristics is obtained and suggestions are put forward.

Keywords: Fuel Cell Vehicles; Mileage; Failure; Emission Reduction

IV　Case Report Section

B.11　Big Data Research and Development and Application on Changan

　　New Energy Vehicle　　　　　　　　　　　　　　　　/ 261

Abstract: The amount of data involved in the whole life cycle of new energy vehicles is extremely large and contains great value. Analyzed and mined it through big data technology and applied it to the new energy vehicle full value chain system, to improve customer experience, improve product quality, improve production, streamline business processes, improve business models, and enhance corporate efficiency, etc. According to the actual business situation of the company, Changan New Energy Technology Co., Ltd. builds an open data ecosystem with distinctive characteristics providing continuous data driving force for business development, and continuously introduces high-quality partners in different fields to realize co-construction and sharing of resources and capabilities and win-win cooperation.

Keywords: New Energy; Big Data; Ecosystem

权威报告·一手数据·特色资源

皮书数据库
ANNUAL REPORT(YEARBOOK)
DATABASE

当代中国经济与社会发展高端智库平台

所获荣誉

- 2016年，入选"'十三五'国家重点电子出版物出版规划骨干工程"
- 2015年，荣获"搜索中国正能量 点赞2015""创新中国科技创新奖"
- 2013年，荣获"中国出版政府奖·网络出版物奖"提名奖
- 连续多年荣获中国数字出版博览会"数字出版·优秀品牌"奖

成为会员

通过网址www.pishu.com.cn访问皮书数据库网站或下载皮书数据库APP，进行手机号码验证或邮箱验证即可成为皮书数据库会员。

会员福利

- 已注册用户购书后可免费获赠100元皮书数据库充值卡。刮开充值卡涂层获取充值密码，登录并进入"会员中心"—"在线充值"—"充值卡充值"，充值成功即可购买和查看数据库内容。
- 会员福利最终解释权归社会科学文献出版社所有。

数据库服务热线：400-008-6695
数据库服务QQ：2475522410
数据库服务邮箱：database@ssap.cn
图书销售热线：010-59367070/7028
图书服务QQ：1265056568
图书服务邮箱：duzhe@ssap.cn

社会科学文献出版社 皮书系列
SOCIAL SCIENCES ACADEMIC PRESS (CHINA)
卡号：146998956438
密码：

S 基本子库
SUB DATABASE

中国社会发展数据库（下设12个子库）

全面整合国内外中国社会发展研究成果，汇聚独家统计数据、深度分析报告，涉及社会、人口、政治、教育、法律等12个领域，为了解中国社会发展动态、跟踪社会核心热点、分析社会发展趋势提供一站式资源搜索和数据分析与挖掘服务。

中国经济发展数据库（下设12个子库）

基于"皮书系列"中涉及中国经济发展的研究资料构建，内容涵盖宏观经济、农业经济、工业经济、产业经济等12个重点经济领域，为实时掌控经济运行态势、把握经济发展规律、洞察经济形势、进行经济决策提供参考和依据。

中国行业发展数据库（下设17个子库）

以中国国民经济行业分类为依据，覆盖金融业、旅游、医疗卫生、交通运输、能源矿产等100多个行业，跟踪分析国民经济相关行业市场运行状况和政策导向，汇集行业发展前沿资讯，为投资、从业及各种经济决策提供理论基础和实践指导。

中国区域发展数据库（下设6个子库）

对中国特定区域内的经济、社会、文化等领域现状与发展情况进行深度分析和预测，研究层级至县及县以下行政区，涉及地区、区域经济体、城市、农村等不同维度。为地方经济社会宏观态势研究、发展经验研究、案例分析提供数据服务。

中国文化传媒数据库（下设18个子库）

汇聚文化传媒领域专家观点、热点资讯，梳理国内外中国文化发展相关学术研究成果、一手统计数据，涵盖文化产业、新闻传播、电影娱乐、文学艺术、群众文化等18个重点研究领域。为文化传媒研究提供相关数据、研究报告和综合分析服务。

世界经济与国际关系数据库（下设6个子库）

立足"皮书系列"世界经济、国际关系相关学术资源，整合世界经济、国际政治、世界文化与科技、全球性问题、国际组织与国际法、区域研究6大领域研究成果，为世界经济与国际关系研究提供全方位数据分析，为决策和形势研判提供参考。

法律声明

"皮书系列"（含蓝皮书、绿皮书、黄皮书）之品牌由社会科学文献出版社最早使用并持续至今，现已被中国图书市场所熟知。"皮书系列"的相关商标已在中华人民共和国国家工商行政管理总局商标局注册，如 LOGO（ ）、皮书、Pishu、经济蓝皮书、社会蓝皮书等。"皮书系列"图书的注册商标专用权及封面设计、版式设计的著作权均为社会科学文献出版社所有。未经社会科学文献出版社书面授权许可，任何使用与"皮书系列"图书注册商标、封面设计、版式设计相同或者近似的文字、图形或其组合的行为均系侵权行为。

经作者授权，本书的专有出版权及信息网络传播权等为社会科学文献出版社享有。未经社会科学文献出版社书面授权许可，任何就本书内容的复制、发行或以数字形式进行网络传播的行为均系侵权行为。

社会科学文献出版社将通过法律途径追究上述侵权行为的法律责任，维护自身合法权益。

欢迎社会各界人士对侵犯社会科学文献出版社上述权利的侵权行为进行举报。电话：010-59367121，电子邮箱：fawubu@ssap.cn。

社会科学文献出版社